文史哲學集成

翁世華著

楚辭論集

文史哲出版社印行

文史哲學集成 ⑳②

楚辭論集

著者：翁世華
出版者：文史哲出版社
登記證字號：行政院新聞局局版臺業字〇七五五號
發行所：文史哲出版社
印刷者：文史哲出版社
台北市羅斯福路一段七十二巷四號
郵撥〇五一二八八一二彭正雄帳戶
電話：三五一一〇二八

實價新台幣二六〇元

中華民國七十七年十二月初版

楚辭論集目次

自序

楚辭是戰國末年楚國宗臣與愛國詩人屈原跟宋玉等人的詩歌總集。但是「楚辭」之名當時默默無聞，一直要等到漢興，楚辭一名方才第一次出現在司馬遷的史記。也正是從那個時候開始，楚辭一躍而成爲兩漢時代所流行的一種顯學。這是由於開國帝王的喜愛與創導，而群臣學士追風向往樂學的結果，即所謂「上行下效」的影響之故。此後各代都有熱中硏習楚辭的學者與詩人出現。例如深受其作者「屈原放逐，乃賦離騷」的堅持奮鬥、忠貞不渝的精神之感召，而發憤著述，以完成其可藏諸名山之作的太史公司馬遷之與史記；雖然被貶爲長沙王太傅，而仍能忍辱苟活的賈誼之與弔屈原賦、鵩鳥賦；盛讚「屈平辭賦懸日月，楚王臺榭空山丘」（江上吟）的盛唐詩仙李白；不斷推崇、欽佩與同情楚辭另一個作者宋玉，而又慨嘆「搖落深知宋玉悲，風流儒雅亦吾師；悵望千秋一洒淚，蕭條異代不同時」（詠懷古迹）的詩聖杜甫；自以爲「吾父終其身企慕而不能及萬一者，唯屈子一人耳」的北宋詞人蘇東坡；認爲楚辭對後世文章的影響，「甚或在三百篇以上」（漢文學史綱）的大文豪魯迅；還有以爲「差不多二千多年的中國文學，特別是民族文學，都在他（屈原）影響之下，他對後世的偉大而長遠的影響，實在可與希臘的荷馬、意大利的但丁相媲美」（屈原考）的郭沫若；斷然肯定「楚辭的文學價值在任何文學之上」（楚辭槪論）的楚辭專家游國恩。此外專門研究楚辭的學者專家論著，多得汗牛充棟，不勝枚擧，實在無需逐一敍介。我們只消翻看姜亮夫的楚辭書目五種與饒宗頤的楚辭書錄二書，便可窺見一斑。楚辭影響后世文壇所以這麼旣深且廣，乃是由於其偉大作者屈原的人格，已融化爲中華文化傳統的一部分；他的存在，已成爲華人生活習俗裏一年一度的慶祝與祭拜的對象，永遠活在人們的記憶裏的原故。淮南王劉安稱其偉大處「雖與日月爭光可也」，固然有點誇大其詞，但是屈原楚辭今后將永遠與中華文化共存亡，乃是可以斷言的一個事實。例如今天我們講中國文學史，不能不提到楚辭。我們講詩歌、韻文的歷史，也不能不講到楚辭。海內外各大學中文系、漢學系要開中國古典文學課程的，也少不了楚辭。在現代的外交界，楚辭一書還扮演過一個相當重要的角色呢！總之，楚辭雖稱不上是廿世紀的一門顯學，却也定然不是一門絕學！

說來楚辭原非我的本行。由於系裏一時沒人擔任這門功課，我就勉強「承乏」起來，一直擔任到現在。中間有一度兼任一些行政的工作，停教了兩年。雖然如此，前後算來，也跟楚辭結下了十幾年之緣。期間隨教隨學。「學則多疑，有疑則必尋求釋疑之方。何況身爲教師的，其職責卽在釋疑解惑呢！所以就在這樣教與學的需要之下，以及年來研究所得的結果，陸續寫下了這些篇章，先後發表於海內外各學誌書刋。現在看來，頗有支離散亂之感。尤其是要提供諸生參閱時，更感不便。因而乃決定集合起來出此單行本。同時也可乘此就正於同好。

一九八七年十月廿八日　翁世華誌於新加坡國立大學中文系

「楚辭考校」前言

楚辭考校之作，隋釋道騫已發其端。雖其楚辭音以論音爲主，間亦校訂字句之異同。惜其書已亡佚。今於敦煌唐寫本楚辭音殘卷猶可略窺一斑。自南宋洪興祖始有楚辭考異一卷之作。然此書有宋以降已雜入楚辭補注一書之中。今據洪補所載，洪氏考異也者，其實不過陳振孫直齋書錄解題所謂：「凡諸本異同，皆兩出之」云耳。未能校正各本之是非也。明汪瑗亦有楚辭考異一卷。此書取王逸章句、興祖補注及朱子集注三本互校其字句。惟氏所未見之本尚多，非善校也。近人劉師培復作楚辭考異十七卷。此書原旨以臚列異文爲主，間或訂正誤字。章句是非，概弗議及。於諸書異文，略備之矣。然取材雖廣，而了無精義。闕漏譌奪，亦所在多有。是以許維遹繼有楚辭考異補之作。然此書迄未正式刊行。聞一多、姜亮夫二氏所見，亦僅稿本耳。據聞氏（校補）云：「此書起離騷，盡天問。采輯各書，與劉氏略同」。姜氏（校注）亦云：「采輯諸家引文，幷參各版本，實最博洽。惜全稿未竟」。聞氏楚辭校補一書，用力之勤，堪爲各家之冠。采用古今諸成說之涉及校正文字者，都二十八家。其諟正前人論說、訂正各本是非，創獲固多。然疏漏、訛謬、牽强之處，亦屢見不鮮。姜氏屈原賦校注一書之校勘部分悉采劉氏考異、許氏考異補與聞氏校補之陳說，不啻別無新解，且復訛以傳訛。未覆檢原書，襲而莫辨眞贋之過也。張亨「離騷輯校」與「楚辭斠補」二文，用力雖勤，亦偶出新義。然若論成就，終未能超越前賢。本書乃據王師叔岷校讎學之論例，搜檢古注、類書之引及楚辭者，並援據其相關載籍以爲佐證。往往於開卷之餘，頗有創獲。雖屬隻字片語，率皆前人之所未及見、或見而視若無睹、未識其可寶者。又據檢驗所得，以諟正今本之譌誤、或證實今本之不誤、或辨證某本之爲原古、某本之爲晚出等等，往往能發前人之所未發，匡前人之所未逮。雖未敢自以爲是，然此中甘苦已備嘗之矣。

本書之能順利繕成，作者本人無數課餘之晨昏，夜以繼日之筆耕而外，惠助於我者頗多。爰特誌謝忱於下：

首當拜謝者爲王教授叔岷師。叔岷師治學精勤，修己嚴謹。其爲人也淳厚、篤實；其待人也誠懇、寬善。其誘導青年，提挈後進，尤不遺餘力。作者從游三載，承悉心督導、攻錯論辯，從未間懈。蒙恩被惠感戴無旣！

其次爲前中央研究院歷史語言研究所所長兼國立台灣大學教授已故屈萬里翼鵬先生與前香港中文大學教授周法高先生之熱心鼓勵、前澳洲國立大學客坐教授吳輯華先生與前南洋大學已故教授黃昂吾先生提供珍貴資料、中央研究院歷史語言研究所圖書館（民國六十年五月）、香港大學馮平山圖書館、中文大學中國文化研究所中國語言學研究中心（一九七〇～一九七一年）、前新加坡大學圖書館與前南洋大學亞洲文化研究所圖書館及大學圖書館等所給予之方便，統此誌謝。

本書撰寫期間，承前南洋大學研究院亞洲文化研究所職員黃美芳女士、中國語言文學系職員陳三妹女士、南大校友陳少平君、王業華君等輔助：或打字、或謄稿、或代搜資料等，煩勞辛苦，合當鳴謝。內子徐美嬌，年來教書之餘，理家課子，苦集一身，俾作者得以專注學業；復能協助本書之抄稿、校對等煩瑣工作；尤以所給予作者之精神支持、委婉鼓勵、慷慨諒解等，感激之情，誠難以言喻也。

一九八二年一月十日　翁世華誌於新加坡國立大學中文系研究室

補記：本「前言」實乃本書姐妹篇「楚辭考校」一書之「前言」。由于手民一時之大意誤以爲卽本書之「前言」。加以新、台海分地隔，不便卽時就近校閱，去年「楚辭考校」一書出版時竟然失收！今姑補幷本書篇首，俟「楚辭考校」再版時補入。

作者誌於一九八八年一月九日

壹、離騷解題

一

楚辭以屈賦爲主。屈賦又以離騷爲主。離騷篇名，不下十解，愈解愈奇，莫衷一是。茲綜緝衆說，且申己見，分別評述如次：

楚辭雖以屈賦爲主，然楚辭之名，不始於屈原之世。（註一）亦不始於劉向之時。（註二）而始於漢初武帝之季，太史公司馬遷之書也。（註三）

屈賦雖以離騷爲主，然離騷之篇名，縱或爲屈子之所自命，却未見載於先秦之典籍。國語載伍舉所謂「騷離」之語，（註四）容或爲楚人之言，（註五）仍不得據以說屈子離騷之名（註六）。蓋國語之傳，先於屈賦；伍舉楚人，先於屈子。而況「騷離」云者，習常言語，實非篇名耶？誠然，「屈子行文命篇，蓋緣彼鄉賢之義，顚錯其詞」而爲之（註七）。無奈離騷之名確未始見於先秦之載籍也。「離騷」二字，縱與屈賦俱來，然屈宋諸賦，絕未提及。楚辭一書，惟劉向九歎三稱之耳（註八）。

雖然如此，「離騷」之名，蓋始見於淮南王劉安之離騷傳。司馬遷採之以入史記屈原別傳。

二

爲屈子離騷作傳者，以淮南王劉安爲首（註九）。劉安對「離騷」二字應有詁訓。奈其傳早已散佚。無以考知其說之要義。而史記屈原列傳所引者，又未及之（註一〇）。似此，則說「離騷」二字之名義者，仍當以太史公爲首也。

史記屈原列傳云：「屈平……故憂愁幽思而作離騷。離騷者，猶離憂也」。按司馬貞史記索隱本、單行索隱（二十卷）本並作「而作離慅」。注云：「慅，亦作騷。按楚詞慅作騷，音素刀反。應劭云：『離，遭也；騷，憂也』。又離騷序云：『離，別也；騷，愁』。」日本瀧川資言史記會注考證亦云：「索隱本、楓、三本騷作慅」。是「離騷」二字，史記索隱與日本古本引多作「離慅」，與現傳楚辭異。洪興祖補註、朱熹集注等並無校語。張文虎曰：「索隱本作慅，疑今本史文皆後人所改」。饒宗頤楚辭書錄「離騷異文亦作離慅考第一」云：「則一本作『離慅』。」按此作「慅」之本，乃史記索隱本，與楚辭無關。非謂「離騷」二字楚辭有作「離慅」之本也。不能混爲一談。今據史記索隱古本所引，知楚辭古本「離騷」二字亦作「離慅」。集韵云：「慅，愁也。通作騷」。王師叔岷屈原賈生列傳斠證云：「案『憂愁幽思』四字疊義，愁、幽、思，皆憂也。爾雅釋詁：『憂，思也』。則思亦憂也。幽借爲怮，說文：『怮，憂貌』。又云『愁，㥑也』。㥑、憂古、今字。廣雅釋詁一：『愁、怮，憂也』。」是故不論作「騷」或「慅」，皆與史公所訓「憂」或「愁」，或卽今所謂「憂愁」之義合。然史公於「離」字無說。

班固離騷贊序云：「屈原以忠信見疑，憂愁幽思而作離騷。離猶遭也；騷，憂也。明己遭憂作辭也」。班固蓋就史公之義引而伸之。尤以釋「離」爲「遭」，非啻言史公之所未言，且能啟發屈子之奧義。應劭亦云：「離，遭也；騷，憂也」。（註一一）是班、應距史公時近，又去屈子未遠，故能探解靈均之心曲。王師叔岷云：「『離騷』猶『離憂』，亦『遭憂』。班氏最得史公之意」。又云：「則班固、應劭承史公之意，釋『離騷』爲『離憂』惡乎不可？」（註一二）。王師說是也。蓋「離」之訓「遭」，楚辭一書所習見。實亦屈子之本義也。例如：

(一)離騷：「進不入以離尤兮」，離，洪補云：「遭也」。

(二)山鬼：「思公子兮徒離憂」。五臣云：「罹其憂愁。離，罹也」。莊子漁父「丘不知所失，而離此四謗者，何也」？郭慶藩莊子集釋引成玄英疏「離」作「罹」。云：「罹，遭也。丘無罪失，而遭罹四謗」是離、罹並遭也。

(三)天問：「啟代益作后，卒然離蠥。何啟惟憂，而能拘是達？」王註云：「離，遭也；蠥，憂也。……故曰遭憂也」。是也。然王、洪二氏並以「惟」爲「思」，則非矣。殊不知此「惟」可讀「罹」。（註一三）「惟憂」卽「罹憂」，亦卽「遭憂」。上文作「離蠥」，此文易作「惟憂」者，屈子慣用「改字避複」之法也。王師叔岷屈原賈生列傳斠證云：「姜亮夫云：『離蠥，王逸以爲遭憂，卽離騷一聲之轉。惟，吾友劉盼遂讀爲罹，是也』。王氏於離騷經序釋『離騷』爲『別愁』。於此何不釋『離蠥』爲『別愁』或『別憂』？蓋由『惟憂』（卽『罹憂』）緊承『離蠥』而言，不得不釋爲『遭憂』也」。王師說甚是。

㈣九章惜誦：「紛逢尤以離謗兮」，洪補云：「離，遭也」。疑此所謂「離謗」蓋本自莊子漁父「丘不知所失，而離此四謗者」之「離謗」也。

㈤惜誦又云：「恐重患而離尤」。王註云：「尤，過也。言……恐重得患禍，逢罪過也」。洪補云：「離，遭也」。「逢罪過」亦卽「遭罪過」也。

㈥懷沙云：「離慜而長鞠」。王註云：「慜，痛也。鞠，窮也。言己愁思，心中鬱結紆屈而痛。身遭疾病，長窮困苦，恐不能自全也」。洪氏考異云：「史記慜作愍。而作之」。洪補云：「離，遭也。慜，與愍同」。洪補釋「離」爲「遭」，蓋本王註「身遭疾病」而立義。

㈦懷沙又云：「離慜而不遷兮」，王註云：「慜，病也；遷，徙也」。洪氏考異云：「慜，史記作湣，一作閔」。王註又云：「身雖遺疾，心終不徙」。

㈧思美人云：「獨歷年而離愍兮」。王註云「修德累歯，身疾病也」。

㈨招魂云：「長離殃而愁苦」。王註云：「殃，禍也。言己履行忠信，而遇暗主。……長遭殃禍愁苦而已也」。洪氏考異云：「離，一作罹」。

㈩七諫沈江：「反離謗而見攘」。王註云：「謗，訕也。攘，排也。……反爲讒人所謗訕，身見排逐而遠放也」。按：「爲讒人所謗訕」意卽「遭謗」，與上引莊子漁父及九章惜誦「離謗」

意合。

(十一)沈江又云：「離憂患而乃寤兮」，王注云：「卒遭憂患然後乃覺」。洪氏考異云：「離、一作罹」。

(十二)怨世：「恐離罔而滅敗」。王註云：「罔以喻法。言已欲高飛遠止他方，恐遭罪法，以滅敗忠厚之志也」。洪氏考異云：「離，一作罹」。

(十三)哀命：「遭亂世而離尤」。王註云：「得罪過於衆人也」。「得罪過」卽「遭尤」。不作「遭尤」而作「離尤」者，以免與「遭亂世」重複故也。

(十四)九歎逢紛：「遭紛逢凶蹇離尤兮」，王註云：「言已遭逢紛濁之世而遇百凶。以蹇蹇之故，遂得罪過也」。按此句語法與上句同。作「離尤」而不作「遭尤」亦爲易字避複故也。

(十五)離世又云：「屢離憂而逢患」。王註云：「屢、數也。……數逢憂患已時也」。劉向稱「離憂」，直用屈子「離騷」之本意，最得靈均之微恉。

(十六)怨思又云：「蹇離尤而干詬」。王注云：「干、求也。……得過於衆而自求辱也」。

(十七)惜賢又云：「晉申生之離殃兮」。按此所謂「離殃」，蓋本上引招魂「長離殃而愁苦」之「離殃」。亦卽王逸所謂：「遭殃禍」也。

綜上所引，各例中之「離尤」、「離憂」、「離蠥」、「離謗」、「離慜」、「離殃」、「離罔」等，不論出自屈、宋、東方朔、劉向等輩之文，抑王、洪等人之註，（註一四）「離」字皆訓「遭也」。此靈均以下一脈相承之通義，班、應闡發在前，洪、王（叔岷師）顯揚於後，無煩作標奇立異之曲解者也。

三

王逸離騷經章句序云：「屈原執履忠貞，而被讒衺。憂心煩亂，不知所想。乃作離騷經。離、別也；騷、愁也；經、徑也。言已放逐離別，中心愁思，猶依道徑，以風諫君也」。按：離騷篇名（註一五），本無「經」字。淮南王劉安離騷傳、太史公史記屈原列傳均但稱「離騷」。班固序離騷亦不言「經」。雖然，東漢人稱「離騷」者間亦曰「賦」（註一六），但尠稱「經」。而王逸所以稱離騷爲「經」者，實本漢人尊經之旨（註一七）。愚考王逸之前，王充（公元二七—九一年）已稱離騷爲經矣。則稱「經」者，非自叔師始也（註一八）。其後郭景純註山海經引離騷文，偶亦稱「經」（註一九）。唐皮日休九諷序亦謂「屈平旣放，作離騷經」。南宋洪興祖爲叔師章句補註，雖仍王逸稱「離騷經章句」之舊，但曰：「古人引離騷未有言經者。蓋後世之士，祖述其辭，尊之爲經耳。非屈原意也。逸說非是」。洪說甚是。實則南宋所傳古本楚辭釋文已無「經」字（註二〇）。朱熹楚辭辯證亦云：「離騷經之所以名。王逸以爲『離、別也；騷、愁也；經、徑也。言已放逐離別，中心愁思，猶依道徑以風諫君也』。此說非是。史遷、班固、顏師古之說得之」。按：朱子所謂「非是」者，蓋指王釋「經，徑也。言已放逐離別，中心愁思，猶依道徑以風諫君也」云云而言；非指王釋「離騷」二字之義而言，因王氏「離，別也；騷，愁也」之訓與史遷、班固、顏師古之說本近。（見下文）。而王氏稱離騷爲「經」，乃本漢人尊經之旨，非謂離騷一篇原有「經」字也。姜氏校註離騷第一校文云：「蓋王逸欲以離騷當經，九歌天問以下當傳。（王本于九歌、天問、九章、遠遊、卜居、漁父諸篇篇題以下，皆附以『離騷』二字，是以諸篇當離騷之傳矣。）此漢世經生結習，欲以尊其所好，妄爲增益，蓋不可從云」。姜說是也。

王逸稱離騷爲「經」，說既不可從。其釋離騷二字之義，姜氏以爲「歷世釋者，皆略同於此義」。（見姜氏校註卷第一）雖嫌言過其實，然從王說者，亦代不乏人。蓋王逸釋「離騷」爲「別愁」，不難自楚辭中求得內證也：

㈠離騷：「余既不難夫離別兮」。王註云：「近曰離，遠曰別」。

㈡離騷：「判獨離而不服」。王註云：「判，別也。……判然離別，不與衆同」。

㈢離騷：「飄風屯其相離兮」。王註云：「屯其相離，言不與已和合也」。又云：「反見邪惡之人相與屯聚，謀欲離已」。

㈣九歌國殤：「首身離兮心不懲」。王註云：「言已雖死，頭足分離，而心終不懲忞」。

㈤九歌大司命：「孰離合兮可爲」？王註云：「已獨放逐離別，不復會合，不可爲思也」。洪補云：「或離或合，神實司之。非人所能爲也」。

㈥九歌少司命：「悲莫悲兮生別離」。王註云：「人居世間，悲哀莫痛與妻子生別離」。

㈦九章惜誦：「衆駭遽以離心兮」。王註云：「言已見衆人易移意中驚駭，遂離已心……」。

㈧九章橘頌：「淑離不淫」。王註云：「言已雖設與橘離別。猶善持已行，梗然堅强，終不淫惑而失義」。

㈨九章哀郢：「妒被離而彰之」。王註云：「讒人妒害加被離析鄣而蔽之」。

㈩九章哀郢：「民離散而相失兮」。

㈪遠遊：「離人群而遁逸」。

㈫九辯二：「去鄉離家兮徠遠客」。

㈬九辯三：「離芳藹之方壯兮，余萎約而悲愁」。王註云：「去己盛美之光容也」。五臣云：「言離去芳盛之德，方壯之任。余委棄而悲愁也」。

㈭九辯四：「重無怨而生離兮」。

㈮九辯九：「願賜不肖之軀而別離兮」。

㈯招魂：「而離彼不祥些」。王註云：「祥，善也。言何爲舍君楚國饒樂之處而陸離，走不善之鄉，以犯觸衆惡也」。

㈰招魂：「魂魄離散」。

㈱惜誓：「離四海之霑濡」。

㈲七諫沈江：「彼離畔而明黨兮」。

㈳七諫自悲：「恨離予之故鄉」。

㈴七諫哀命：「上沅湘而分離」。

(二十二)七諫哀命：「傷離散之交亂兮」。

(二十三)七諫哀命：「哀形體之離解兮」。王註云：「自哀身體陸離遠行解倦」。

(二十四)九懷通路：「將離兮所思」。

(二十五)九歎遠遊：「妒被離而折之」。王註云：「言己懷忠信之行，故爲衆佞所妒。欲共被離摧折而棄之也」。

(二十六)九歎憂苦：「心紛結其未離」。

以上所擧各例中之「離」字，意義不外「離別」（別離）、「分離」、「離析」、「離散」、「離去」、「離畔」等，與王逸訓「離騷」爲「別愁」之「別」合。是屈子離別之愁，塡於胸臆，溢於言表。本此情此意以名其篇，蓋所宜然。故余雪曼離騷正義前言云：「竊謂王氏此解，獨得屈子命篇之秘。」按國語楚語上引伍擧之言：『德義不行，則邇者騷離，而遠者距違』。韋註云：「騷，愁也；離，叛也」，此其義在屈子先，而王應麟踶之。困學紀聞卷六：『伍擧所謂「騷離」，屈平所謂「離騷」，皆楚言也。揚雄爲畔牢愁，與楚語註合』。觀漢書雄傳，『旁惜誦以下爲畔牢愁』，『畔』當讀如離騷『判獨離而不服』之『判』（遠遊作『叛』，叛亦別也，叛與判古字通）。王註云：『叛（華按：疑爲「判」字之誤），別也』，畔牢愁仍卽離騷之意（王念孫讀書雜誌餘編訓牢愁爲憂是也；以畔爲反，云與反騷同意，疑非）。國語面世，先於騷賦；伍擧楚人，先於屈子，其以『騷離』連文，明係楚語；而屈子命篇，蓋緣彼鄉賢之義，顚錯其詞。豈不以騷離者，因懷愁而去國；離騷者，緣去國而增憂乎？本篇云：『余既不難夫離別兮，傷靈修之數化』。此一內證，與王逸『放逐離別中心愁思』一義，若合符節。然則史公離憂一訓，亦卽別愁，謂非王逸之所據乎」？余說是也。惟所舉一句孤證，恐難服人。實則離卽離別之義、楚辭一書，不乏內證也。（讀上文可知）。王逸「別愁」之訓，固本史公之「離憂」，然亦不害班、應等以爲卽「遭憂」之義。蓋「遭憂」與「別愁」乃係一事之「前因」與「後果」：「遭憂」乃係「別愁」之「因」；而「別愁」卽是「遭憂」之「果」。二義既不矛盾，且可相輔。

至於伍舉所謂「騷離」，項安世項氏家說以爲卽「楚人之語，自古如此。屈原離騷必是以離畔爲愁而賦之」。王應麟困學紀聞卷六亦謂「伍舉所謂騷離，屈平所謂離騷，皆楚言也。揚雄爲畔牢愁與楚語註合」。按韋昭國語註以「愁叛」釋「騷離」。「畔牢愁」既與「愁叛」意合，則「畔牢愁」，亦卽「別愁」、亦卽「離憂」矣（註二一）。沈祖緜所謂「太史公以離騷爲離憂，實襲伍舉說」云者，疑卽本此（註二二）。則伍舉、屈原、史遷，揚雄、王逸等所云，言雖不同，意實無乖者也。

四

明周聖楷楚寶云：「離，明也；騷，擾也。何取乎明而擾也？離爲火，火在天則明，風則擾矣」（註二三）。此說之荒謬，不値識者一駁。惟足以解頤耳（註二四）。劉永濟通箋（卷一）云：「以明擾說離騷，雖非切當，猶用古誼，惟復申以離火風擾之說，則殊穿鑿。蓋求之過深，往往失之轉遠。此與以字面闕合牽連爲說者，同爲學者之通病也」。劉氏病之當甚。

五

清戴震屈原賦音義云：「離，猶隔也。騷者，動擾有聲之謂。蓋遭讒放逐，幽憂而有言，故以離騷名篇」。劉永濟通箋（卷一第一頁）盛贊「其說會通諸家，證以雅詁，最稱周洽，今所當從」。惟復按曰：「戴氏『遭讒放逐』如改為『遭讒間阻』，更為正確」。姑不論劉氏改戴義為當否，戴氏所謂「遭讒放逐，幽憂而有言」，仍不出班孟堅、顏師古等所釋「遭憂」之意。至戴氏以「隔」訓「離」，近人文懷沙韙之。並以「離騷」為「被離間之憂思」（註二五）。然何錡章則非之。以為戴、文二氏並未得「離騷」二字之眞義（註二六）。按何氏所以非之，蓋以為戴、文二氏以「隔而動擾」、「被離間之憂思」釋「離騷」，猶周聖楷以「明而擾」釋「離騷」，並無二致。是也。

六

游國恩楚辭概論（第一二五頁）云：「離騷既然是楚曲，（詳見下文）他究竟是甚麼意義呢？漢書揚雄傳載雄旁惜誦以下至懷沙一卷，名曰『畔牢愁』。『牢愁』，古疊韵字，同在『幽』部；韋昭訓為『牢騷』。後人常語謂發洩不平之氣為『發牢騷』，蓋本於此。『牢愁』，『牢騷』與『離騷』，古並以雙聲疊韵通轉；然則『離騷』者，殆有不平之義。屈原楚國宗臣，被讒放逐，大概借此以發他滿腹不平之氣。其聲再轉，又為唐人語的『悼恅』。但究竟是不是這個意思，不得而知；也許他另有意義，也許他是因開首有『離騷』二字得名，如楚辭的思美人、悲回風，及古樂府的東光、蒿里、雞鳴、烏生、平陵東……之類。自來『遭憂』、『別愁』等話，都是似是而非的臆說。」游氏斥「遭憂」、「別愁」等語，言出輕率無據，不值評駁。然以「牢愁」、「牢騷」與「離騷」，古並爲疊韵字，得以雙聲疊韵通轉云者，則似尚有理據。姜亮夫校註（第二、三頁）亦云：「曰反，曰廣，曰畔，皆就騷而廣之反之畔之，則上言離騷，下言牢愁，一詞之聲變也。……古複輔音之字，後世或有遺奪，故疊韵之變則爲繹騷。……繹騷聲變爲鬱陶，騷陶同濁聲之疊韵也。……蕭豪與尤幽相鄰，故聲轉爲憂愁，爲懊喪，皆今常語，而以訓詁字書之首也。例言之則曰離騷，楚語伍舉曰：『德義不行，則邇者騷離，遠者距違』。伍舉亦楚人，則離騷，騷離皆楚之方言矣」。且此楚方言中之「離騷」，「騷離」，王師叔岷謂係複語，可互爲倒言。又謂「騷，憂也。離、罹古通，……亦憂也。……『離騷』複語，義並爲憂，固是楚言」。（註二七）。則「離騷」二字亦爲一同義並列之複合詞（楊柳橋說、見下），或「複音詞」，或「聯綿詞」耳。王泗原釋「離騷」一詞之意義曰：「司馬遷說：『離騷者猶離憂也』。離憂一詞出山鬼。『離騷』『離憂』都是聯綿詞，不能拆開。兩詞同有個『離』字，而司馬遷不說『騷猶憂』，可見他沒看錯。離騷就是離騷。再要解釋它，就可用楚辭卜居的『心煩慮亂』和屈原傳的『憂愁幽思』。游國恩先生說離騷是牢愁，牢騷，實際上跟司馬遷的解釋一樣。離古音羅，屬ㄛ母；騷，憂，牢，愁古音都屬ㄠ母。ㄛㄠ疊韵。所以『離騷』，『離憂』，『牢愁』，『牢騷』都是疊韵聯綿詞。離騷，離憂是古楚語，而異時異地表示這個意思的語音是牢愁或牢騷。山鬼說：『思公子兮徒離憂』。爲甚麼離憂？因思公子。看了山鬼裏這句話就知道司馬遷解釋得那麼恰當。班固王逸以下都沒看出離騷和離憂都是疊韵聯綿詞，便分兩個字講。……國語楚語：『遹者騷離而遠者距違』。騷離和距違都是疊韵字。騷離就是離騷，也是離憂，是怨恨的意思。韋昭註：『騷，愁也；離，畔也』。他沒看懂。屈原的離騷也有怨恨的意思」（註二八）。王氏稱「離騷」爲疊韵之「聯綿詞」，固是；但謂此一複語不能拆分兩字而釋，似嫌偏激。又謂韋昭不解「離騷」二字之義，尤爲非是。蓋韋註楚語「騷離」乃本揚雄「畔牢愁」爲釋。錢穆別有一說。以爲「離騷」、「牢愁」，並訓「憂」也。氏「讀離騷」（收於中國文學講演集）一文曰：「史稱楊雄作反離騷，其實卽是畔牢愁，畔卽反也。然則牢愁卽是離騷。愁與騷皆訓憂，牢與離可無訓。正如逍遙遊卽是遠遊，遙訓遠，逍字不須訓。今語稱牢騷，卽離騷。前賢發此意者甚多，而仍若未臻定論，因復重爲之說」。錢氏所云，與上引游說意合，雖則何錡章以爲「疏誤」與「不當」（註二九）。

七

游國恩楚辭概論（第一二四頁）云：「『離騷』到底是甚麼？據我看，這個名詞的解釋，也不是楚言，也不是離憂，也不是遭憂和別愁，更不是明擾，乃是楚國當時一種曲名。按大招云：『楚勞商只』。王逸曰：『曲名也』。按『勞商』與『離騷』爲雙聲字，古音勞在『宵』部，商在『陽』部，離在『歌』部，騷在『幽』部，『宵』『歌』『陽』『幽』，並以旁紐通轉，故『勞』卽『離』，『

商』卽『騷』，然則『勞商』與『離騷』原來是一物而異名罷了。『離騷』之爲楚曲，猶後世『齊謳』，『吳趨』之類。王逸不知『勞商』卽『離騷』的轉音，故以爲另一曲名，正和他不知大招的『鮮卑』與招魂的『犀比』是一件東西一樣」。游氏此說，後之學人不乏信從之者。然亦因游氏此說一出，「離騷」一詞之釋義枝節繁滋，異說紛起。致去屈子命篇之旨日遙，不得不重爲之辯。

先是，郭沫若曰：「還有關於『離騷』兩字的解釋，自來也異說紛紛，大率都是望文生訓的臆說，只有近人游國恩講得最好，他說：『（參見上文，玆從略）』。這個見解是很正確的，的確是一大發明。游先生的發明還不僅此，他又見到大招的『伏戲駕辯，楚勞商只；謳和揚阿，趙蕭倡只』中有『勞商』兩個字，王逸以爲是楚歌，他確更進一步，說就是『離騷』。『勞商』與『離騷』並爲雙聲字，這也是再確切也不過。但他說『離騷』『勞商』是楚國一種曲名好像是楚國先有了這種曲，而屈原又才來按譜作他的離騷一樣，我覺得有點不大圓滿。據我的揣想，大招本是秦人做的，大約因爲有了屈原的離騷之後，便成了楚聲的代表名，就如後人稱楚辭文體爲『騷體』的一樣，聲轉入秦而成爲『勞商』，這也足證嬴秦之前是已經有了離騷的」（註三〇）。

按游、郭所說，似是而非，大抵爲揣測之詞。且無內證。蓋游所據之所謂楚歌「勞商」，王逸本人尙感疑而未定；而況詡爲「一大發明」之游說，郭氏本人亦尙感「不大圓滿」耶？大招「伏戲駕辯楚勞商只」，王註云：「駕辯勞商皆曲名也。言伏戲氏作瑟，造駕辯之曲，楚人因之作勞商之歌，皆要妙之音；可樂聽也。或曰：伏戲駕辯，皆要妙歌曲也。勞、絞也，以楚聲絞商音，爲之淸激也」。

據此，「勞商」究爲「楚歌」或「絞商音」？叔師尚感疑惑未明；朱熹亦止能疑而無考（註三一），焉能遽認爲與「離騷」同物之異名？近人楊柳橋云：「游國恩先生根據大招……以爲『離騷』卽是楚曲名。這是不足憑信的。因爲『楚勞商』三字，究竟怎樣解釋，還沒有定論；再說，屈原爲甚麼不直然把他這篇長詩標題爲『勞商』，而要令後人去繞彎兒尋求呢？況且，在那個時代能不能有這麼長的歌曲，還成問題呢」（註三二）！蘇雪林（離騷新詁）（恒光月刊第二期，一九六四年，第六四—九○頁）亦云：「究竟那一派比較接近屈原命題原意呢？……第四派新穎可喜，不過我要問像離騷這樣長篇文字，以今日音樂之進步，製譜合樂尚覺不易，戰國時代請問是否可能？況以雙聲疊韵及音紐來通轉一個名詞，有時雖便利，有時則甚危險，所以游國恩的話我亦未敢以爲然」。楊氏蘇氏對游說之非議，不無道理。郭氏亦以楚國先有「勞商」之曲，而屈原始按譜寫成離騷爲非是。然郭說中亦復有可疑之處。如氏以大招爲秦人所作卽其一端。按大招一篇，究爲誰作，迄無定論。或謂屈原作（註三三）或曰景差（註三四）；或謂必非楚人所爲（註三五），乃是秦人之所作（註三六）；或謂漢人之所爲（註三七）。反之，又或以爲大招乃是楚人所作（註三八）。凡此等等，皆對郭氏秦人作說不利。卽楚離騷「聲轉入秦而成爲『勞商』」說之不能成立也。亦卽游氏離騷與勞商原爲一物之異名，離騷「乃是楚國當時一種曲名」說法之不能成立也。

八

楊柳橋云：「屈原作離騷，是發抒憂國之思的。離騷的內容，也正是如此。因此，我認爲這個『離』字有發抒陳布的意思。……左傳（昭公元年）：『楚公子圍設服離衛』。杜預集解：『離，陳也』。原來這個『離』字是『摛』的借字。說文：『摛，舒也』。……是『離』可通『摛』，古有明徵。所以『離騷』卽是『舒憂』、『陳憂』，也就是『抒憂』（古『舒』『抒』通用）。離騷中有『懷朕情而不發兮，余焉能與此終古』之句，正是全篇主題之所在。『發情』卽是『抒憂』。這種標題法，也正和哀郢、抽思一類的標題形式相同。屈原在其他的詩篇裏也都寫出了和這大意相同的詩句。像哀郢裏的『登大墳以遠望兮，聊以舒吾憂』、懷沙裏的『舒憂娛哀兮，限之以大故』，惜誦裏的『惜誦以致愍兮，發憤以抒情』、『舒憂』、『舒情』、『抒情』、『陳情』，都是離騷的好註脚。這樣的解釋，這樣的標題，不是很簡明確切，總括全篇嗎」（註三九）？楊氏此論，言而有徵，似可略備一說。但又曰「如果把這篇偉大的抒情詩很單純地標題爲『牢愁』、『牢騷』或『憂愁』，既不能總括全篇，又會感到不明確，太浮泛的。……如果我們用現在的話把這篇詩歌標題爲『別愁』或『離愁』，恐怕會感到不是滋味。……不過，我們要把這篇詩標題爲『遭憂』或『遭愁』，如同我們現在遭難、遭罪、遭殃之類的說法，也感到有些不像話；說到總括全篇內容，也更是談不到的」。則是以訓詁之意義作標題法觀，而論其得失，有背題旨，玆不冗贅。

九

張壽平云：「離騷一名，或以指屈原賦二十五篇，或以指『帝高陽』一篇，皆其衍義耳。漢人又以離騷爲屈原遭憂既放而作，乃釋離騷爲遭憂，爲別愁，後人咸守其說，是爲衍義更生衍義，遂使離騷本義沉薶不明。……近人游澤承者楚辭概論、讀騷論微，據大招『伏戲駕辯，楚勞商只』一語，而判離騷卽勞商，乃楚曲之名。離騷，洵楚曲也，惜乎游氏僅獲孤證，不足取信於世。……余又以爲離騷本楚曲調名，屈原倚聲抒懷，作歌詞若干篇，而其後均襲離騷之名耳。……余以爲離騷，楚曲名也；九歌、天問、九章、招魂，文辭之題也；稱爲離騷九歌、離騷九章者，先曲名後文題也；『帝高陽』一篇無題，故但以曲名稱之也。『帝高陽』一篇何以無題？蓋此篇乃屈原自序，故無題。……離騷一名之本義，乃先秦楚地越、濮民歌之一種曲調；其衍義之可行者有三：甲、屈原所作楚曲歌詞之總名；乙、專稱『帝高陽』一篇；丙、文體之一種」（註四〇）。按張氏所云，乃據游氏楚曲名之說引而伸之。游說既爲揣測臆想之詞，未有實證；而張說尤爲怪異無稽。其尤甚者，蓋以離騷本爲楚曲調名，「初與屈原無涉，亦猶滿江紅一調初與岳飛無涉者然」（註四一）。「屈原倚聲抒懷，作歌詞若干篇，而其後均襲離騷之名」。如「『帝高陽』一篇、九歌、天問、九章、招魂爲其歌詞，故襲離騷之名」。又以九歌、天問、九章、招魂等爲文辭之題；而稱爲離騷九歌、離騷九章者，則爲先曲名而後文題云云。此蓋以詞比騷，以後世詞曲之體制妄度楚辭體制之臆說。乍視之猶似有偶合之處，實則楚辭自楚辭、宋詞自宋詞也。若謂楚辭似宋詞，學者可依聲倚調抒懷，以寫作歌詞者，則有宋詞人千數百家，何楚辭止以屈賦一枝獨秀？別無倚「離騷」一調名以作詞之者？又唐宋詞調名不下千闋，何楚曲調名止一「離騷」耳？凡此皆不合常理之至。又謂「帝高陽」（卽離騷）一篇原本無題，故以「離騷」之曲名稱之。其所以無題，「蓋此篇乃屈原自序」故也。張氏復舉莊子天下篇乃莊子自序以爲離騷（或帝高陽）一篇乃屈子自序之先例。又謂「凡自序，不別立題目——自序之無題，殆古今同然。……離騷之非題目又無疑義。……莊子天下篇爲自序而題爲天下者何哉？余以爲天下篇但取篇首二字爲稱呼耳，不可謂之題目也」。按張氏所說殊爲可疑。謂離騷（張氏稱爲「帝高陽」者）一篇無題，荒誕無稽。一可疑也。謂離騷一篇乃屈原自序。按離騷固首述屈子祖考，次及其生平大略與修行，再及其事君見妒與疏絀放流。視爲自傳體之抒情詩可也。逕稱「自序」則不可。蓋「自序」必屬某書之一篇。如「太史公自序」之於史記也。而況屈子所爲文辭，是否曾自行編定成書，史無明文。二可疑也。莊子天下篇乃莊子論先秦諸子學要旨與得失之篇章，目爲莊子「自序」，尙成問題。三可疑也。又天下篇篇目下釋文云：「以義名篇」。而張氏竟「以爲天下篇但取篇首二字爲稱呼耳。不可謂之題目也」。四可疑也。旣稱離騷一篇爲屈原自序，故無題。屈子何不取篇首「帝高陽」三字爲稱呼、一如張氏所爲耶？五可疑也。張氏自揆理拙，乃自認：「今不以序名而但逕稱爲離騷，如稱岳飛所作詞爲滿江紅者，亦無不當」也。張氏所論，虛妄若此；至謂楚曲離騷之形式乃四句一節，反覆其聲；本爲徒歌之調，後爲樂曲；初其聲可長可短，後有一定板眼，類似今日南方山地民歌七字小唱、四句山歌云云。尤爲荒謬。蓋楚辭諸篇長短不齊，章數節數不一，體制結構均殊，焉能一如張氏所說以一種四句一節之簡單曲調歌之？而張氏則答謂「此事甚爲簡單，蓋諸篇各節之唱法必皆相同。各節唱法同，亦卽以一種曲調反覆唱之而已，節數之多寡固無干係也」。此說幼稚可笑。蓋一部楚辭若以四句一節之簡單呆板曲調反覆誦唱，諒魯牛亦未必樂而聽之！而況曠代奇才之靈均？

與張氏說大同而小異者，又有何錡章之所謂「離曲歌詞」一說。何氏屈原離騷研究（第六一十四頁）：「今按，爾雅釋樂：『大琴謂之離，廿絃』。郭註：『琴大者，廿七絃，未詳長短』。邢疏：『琴之大者，別名離也』。是離爲大琴，乃古絃樂器之一種，古有明訓。絃樂卽絲聲也。禮記樂記：『絲聲哀』。疏引崔氏說：『絲聲爲離』。……余以爲，離騷當源於古祀樂中之歌樂『離』曲。故離騷之本義，乃離（大琴）曲之歌詞，屬悲調。……且請再自『騷』字之音義言之。騷，一作惟，本有異文，爲譟之同音通假字。騷，從馬，蚤聲。譟，從言，喿聲。蚤與喿古同音，『瘙』一作『𤺊』可證。……說文所釋：『譟，擾也』。又『騷，擾也』。漢時騷、譟音同，釋義亦同，可相代用，遂沿用不還矣。……漢賦由楚詞直接演變擴大而來。詞、譟、操、騷義近或同。蔡邕琴賦因又稱琴操。楚大琴曲歌詞形式，漸變而爲楚人詩歌新體，有民族文學之寓意在焉。而使此文學新體正式確立之偉大作品，卽屈原之長詩離騷。……愚以爲屈原之離騷，實襲用楚民族大琴曲歌詞之格式而作，因以爲名。離曲九歌等，乃楚民族自古相傳而來，特至屈子之時，依以寫情抒志，遂成楚詩歌之新體而爲一種典型傑作耳。離騷之末，又有亂辭，亂特古大琴曲之特徵。……離騷之末，仍保有亂辭，乃絃樂大琴曲特徵之遺。……古人極重樂教，是以屈原以楚民族樂大琴曲歌詞之體式，創爲楚民族文學詩歌之新體，良有以也。今謂離騷之本義，非爲離曲悲調之歌詞，可乎」？

按何氏所說，與游、張二氏之論同調；其不可信從之理則一。九歌乃楚民族自古相傳而來，容或言而有據（註四二），然離騷之名，楚辭之外，未見屈子以前之他書。國語楚語載伍擧所謂「騷離」者，適與離騷倒言偶合之楚言耳，非書名，抑曲名也。何氏何所據而謂離騷乃楚民族自古相傳而來之曲？且「離」字意義侈矣（註四三），爾雅「大琴」、禮記樂記「絲聲」，其一鱗半爪耳，安得援據以論屈子離騷之眞諦？竊以為何氏之謬，乃蹈其前此發表於大陸雜誌有關「離騷就重華而陳辭新解」諸文中，以「離」為「楚崔」、「以楚為東方民族」、「以離鳥為圖騰」（註四四），等謬論之覆轍也。

十

以上所述，為歷來學者論離騷名義之大概。要言之，約可分為傳統之古典派，與現代之標新派。而古典派之中又可大別為傳統與立異二系。現代（標新派）學者之中亦有保守與炫奇二系。古典傳統派學說以史公、班固、王逸、戴震等為代表；古典立異派則以周聖楷為獨專；現代保守派學說以楊柳橋為代表；現代炫奇派則以游國恩、張壽平與何錡章等為代表。就上述各派學說而論，古典傳統派去古未遠，所論較符屈子命篇之本恉，今所當從。現代保守派之說，不離古意，猶有一得之見，尚屬可取。至於古典立異派與現代炫奇派所論，則異說惑衆，荒謬絕倫。學者愼之，以免誤入歧途也！

茲將各派學說之要義臚列於下，以便觀覽：

甲、古典傳統派：

(1)司馬遷史記屈原列傳云：「離騷者，猶離憂也」。例如：九歌山鬼所云：「思公子兮徒離憂」；七諫沈江所云：「離憂患而乃寤兮」；九歎離世所云：「屢離憂而逢患」等，皆其證也。

⑵班固離騷贊序云：「離猶遭也；騷，憂也。明己遭憂作辭也」。例如：離騷所云：「進不入以離尤兮」，天問所云：「啟代益作后，卒然離蠥」；九章惜誦所云：「紛逢尤以離謗兮」、「恐重患而離尤」；懷沙所云：「離慜而長鞠」、「離慜而不遷兮」；思美人所云：「獨歷年而離愍兮」；七諫沈江所云：「反離謗而見攘」、怨世所云：「恐離罔而滅敗」、哀命所云：「遭亂世而離尤」；九歎逢紛所云：「遭紛逢凶蹇離尤兮」、怨思所云：「蹇離尤而干詬」、惜賢所云：「晉申生之離殃兮」等，皆其證也。

⑶王逸離騷經章句序云：「離，別也；騷，愁也」。例如：離騷所云：「余既不難夫離別兮」、「判獨離而不服」、「飄風屯其相離兮」，九歌國殤所云：「首身離兮心不懲」、大司命所云：「孰離合兮可為」？少司命所云：「悲莫悲兮生別離」；九章哀郢所云：「妒被離而鄣之」、「民離散而相失兮」；九辯所云：「去鄉離家兮徠遠客」；招魂所云：「魂魄離散」；七諫自悲所云：「恨離予之故鄉」、哀命所云：「上沅湘而分離」等，皆其證也。

⑷國語楚語上引伍舉之言云：「德義不行，則邇者騷離，而遠者距違」。韋註云：「騷，愁也；離，叛也。」項安世家說以為卽「楚人之語，自古如此。屈原離騷必是以離畔為愁而賦之」。王應麟困學紀聞亦謂：「伍舉所謂騷離，屈平所謂離騷，皆楚言也。揚雄為畔牢愁與楚語註合」。

⑸戴震屈原賦音義云：「離，猶隔也。騷者，動擾有聲之謂。蓋遭讒放逐，幽憂而有言，故以離騷名篇」。

乙、古典立異派：

⑹周聖楷楚寶云：「離，明也；騷，擾也。何取乎明而擾也？離爲火，火在天則明，風則擾矣」。

丙、現代保守派：

⑺楊柳橋「離騷解題」云：「屈原作離騷，是發抒憂國之思的。……我認爲這個『離』字有發抒陳布的意思。……離騷中有『懷朕情而不發兮，余焉能與此終古』之句，正是全篇主題之所在。『發情』即是『抒憂』。……像哀郢裏的『登大墳以遠望兮，聊以舒吾憂』，懷沙裏的『舒憂娛哀兮，限之以大故』惜誦裏的『惜誦以致愍兮，發憤以抒情』，『舒憂』、『舒情』、『陳情』，都是離騷的好註脚」。

丁、現代炫奇派：

⑻游國恩楚辭概論云：「離騷……乃是楚國當時一種曲名。按大招云：『楚勞商只』，王逸曰：『曲名也』。按『勞商』與『離騷』爲雙聲字……並以旁紐通轉。……然則『勞商』與『離騷』原來是一物而異名罷了。『離騷』之爲楚曲，猶後世『齊謳』、『吳趨』之類」。

⑼張壽平「離騷名稱考釋」云：「余又以爲離騷本楚曲調名，屈原倚聲抒懷，作歌詞若干篇，而其後均襲離騷之名耳。……余以爲離騷，楚曲名也；九歌、天問、九章、招魂，文辭之題也。稱爲離騷九歌，離騷九章者，先曲名後文題也；『帝高陽』一篇無題，故但以曲名稱之也。『帝高陽』一篇何以無題？蓋此篇乃屈原自序，故無題。……離騷一名之本義，乃先秦楚地越、濮民歌之一

種曲調；其衍義之可行者有三：甲、屈原所作楚曲歌詞之總名；乙、專稱『帝高陽』一篇；丙、文體之一種」。

⑽何錡章屈原離騷研究云：「今按，爾雅釋樂：『大琴謂之離，廿絃』。邢疏：『琴大者，別名離也』是離爲大琴，乃古絃樂器之一種，古有明訓。……余以爲，離騷當源於古祀樂中之歌樂『離』曲。故離騷之本義，乃離（大琴）曲之歌詞，屬悲調。……愚以爲屈原之離騷，實襲用楚民族大琴曲歌詞之格式而作，因此爲名」。

【註釋】

註一　張壽平「離騷名稱考釋」云：「史記屈原列傳云：『屈原既死之後，楚有宋玉、唐勒、景差之徒者，皆好辭而以賦見稱』。此云辭，非楚辭而何？則楚辭之名，屈原之世已著之矣」。（見大陸雜誌第十七卷第四、五期）。張說非是。蓋史遷所謂「辭」，乃指楚人所好爲之韵文之文體名稱而言；非指楚辭一書之名。縱或係指楚辭而言，則語出史遷，焉能視爲已著屈原之世？游國恩楚辭槪論（第二頁）云：「辭本楚國一種韵文之名稱。實際上與漢人之賦無異」。游說是也。「辭」與「賦」對擧，以明此一文體之名稱，非指楚辭一書之名而言。

註二　紀昀四庫提要云：「裒屈宋諸賦，定名『楚辭』，自劉向始也」。紀說若指楚辭之成書始於劉向而言，則是；然若謂楚辭之名始於劉向之時則非。蓋楚辭之名早見於漢初武帝之世。

註　三　史記酷吏列傳云：「始，長史朱買臣，會稽人也。讀春秋。莊助使人言買臣。買臣以楚辭與助俱幸侍中。爲太中大夫。用事」。漢書朱買臣亦云：「會邑子嚴助貴幸，荐買臣。召見說春秋、言楚辭。帝甚悅之」。此武帝時已有楚辭一名之證。漢書王褒傳又云：「宣帝時，修武帝故事。講論六藝群書，博盡奇異之好，徵能爲楚辭。九江被公，召見誦讀」。此又楚辭一名已見於宣帝世之證。然皆較紀昀所謂「自劉向始」爲早也。雖然，成帝時詔光祿大夫劉向典校經傳諸子詩賦，始編集屈宋諸賦，分爲十六卷，並定名爲「楚辭」。班固漢書藝文志及王逸楚辭章句離騷敘並曾言之。

註　四　國語楚語上載伍舉之語曰：「德義不行，則邇者騷離，遠者距違。」

註　五　項安世項氏家說謂：「楚人之語，自古如此，屈原離騷必是以離畔爲愁而賦之」。王應麟困學紀聞（卷六）亦謂：「伍舉所謂騷離，屈平所謂離騷，皆楚言也。揚雄爲畔牢愁與楚語註合」。

註　六　劉永濟屈賦通箋（卷一）「離騷解題」云：「考韋昭以愁叛訓騷離，蓋謂德義不行，則邇者騷愁叛去也。子雲畔牢愁，王念孫讀書雜誌謂：『畔者，反也。畔牢愁，與反騷同意』。皆不應援以說屈子離騷」。

註　七　參見余雪曼離騷正義第二頁。

註　八　惜賢云：「覽屈氏之離騷兮，心哀哀而怫鬱」；憂苦云：「歎離騷以揚意兮，猶未殫於九章」；

思古云：「與離騷之微文兮，冀靈修之壹悟。」

註　九　王逸楚辭章句離騷叙云：「至於孝武帝，恢廓道訓，使淮南王安作離騷經章句，則大義粲然。……孝章卽位，深弘道藝。而班固賈逵，復以所見，改易前疑，各作離騷經章句。其餘十五卷，闕而不說」。

註一〇　班孟堅離騷序云：「昔在孝武，博覽古文。淮南王安叙離騷傳。以『國風好色而不淫，小雅怨悱而不亂。若離騷者，可謂兼之。蟬蛻濁穢之中，浮游塵埃之外。皭然泥而不滓。推此志，雖與日月爭光可也』。斯論似過其眞」。（見洪補引）劉勰文心雕龍辨騷篇亦云：「昔漢武愛騷，而淮南作傳。以爲『國風好色而不淫。小雅怨悱而不亂，若離騷者，可謂兼之。蟬蛻穢濁之中，浮游塵埃之外，皭然涅而不緇。雖與日月爭光可也』。班固以爲露才揚己，忿懟沈江」。二氏所引劉安離騷傳語，雖較史記屈原列傳所引者爲簡，然起「國風好色而不淫」，迄「雖與日月爭光可也」，則一也。且皆不包括「離騷者，猶離憂也」一語。則此對「離騷」二字之詁訓，原爲史公所作，非劉安離騷傳語甚明。游國恩曰：「例如史記本傳引淮南王說：『離騷者，猶離憂也』。……」（見楚辭論文集「屈原作品介紹」第二八五頁）。游說非是。

註一一　見司馬貞史記索隱引。

註一二　見屈原賈生列傳第二十四（史記斠證卷八十四）。

註一三　劉永濟屈賦通箋（卷四第一二二頁）云：「劉盼遂讀惟爲懼，亦通」。姜亮夫屈原賦校註（

第三〇九頁)云:「惟、吾友劉盼遂讀爲罹,是也」。蘇雪林天問正簡(第三六二頁)云:「劉盼遂謂『惟憂』爲『罹憂』,當指拘禁」。(屈賦新探之二。台北廣東出版社,一九七四年)。

註一四　此外,顏師古漢書賈誼傳註云:「離,遭也;憂動曰騷。遭憂而作此辭」。戴震屈原賦音義亦云,「離,猶隔也。騷者,動擾有聲之謂。蓋遭讒放逐,幽憂而有言,故以離騷名篇」。劉永濟通箋(第一頁)稱「其說會通諸家,證以雅詁,最稱周洽。今所當從」。劉氏言過其實。又云:「戴氏『遭讒放逐』,如改爲『遭讒閒阻』,更爲正確」。劉氏爲配合其論作騷之時說,而妄改戴氏意旨,殊爲不恭。

註一五　此一篇名東漢、晉、隋人不僅用以兼賅屈子離騷及其他作品,且用以統稱屈賦以外之楚辭篇章。其命義幾與「楚辭」同。例如:漢書地理志云:「始楚賢臣屈原,被讒放流。作離騷諸賦。以自傷悼」。師古曰:「諸賦,謂九歌、天問、九章之屬」。郭璞註爾雅、方言、山海經等書,引及天問、九歌、九章、遠遊、大招、九歎等篇均稱「離騷」;杜台卿玉烛寶典引及九歌、九章、大招等篇亦均稱「離騷」。劉勰文心雕龍辨騷篇以「騷」名統屈、宋諸賦,取代「楚辭」者,正漢晉人之舊習也。南宋朱熹仍之。其楚辭集註稱屈賦二十五篇爲「離騷」,稱宋玉九辯以下,景差、賈誼、莊忌、淮南小山等人之作八題十六篇爲「續離騷」。

註一六　漢書賈誼傳云:「屈原,楚賢臣也。被讒放逐,作離騷賦」。又地理志亦云:「作離騷諸賦」。

註一七　其序劉安、班固、賈逵所作之傳，亦擅加「經」字。（見楚辭章句離騷叙）。

註一八　王充論衡案書篇云：「揚子雲反離騷之經，非能盡反一篇，又往往見非，反而奪之」。劉永濟通箋云：「周必大益公題跋云：『揚雄有言，「事辭稱則稱經」。此爲屈原發也』。據此則稱經之始，當在東漢之初矣」。劉說是也。

註一九　南山經「其華四照」下郭註云：「言有光燄也，若木華赤，其光照地，亦此類也。見離騷經」。

註二〇　陳振孫直齋書錄解題有古本楚辭釋文一卷，又見洪補目錄註、朱註目錄註」。

註二一　又佘雪曼離騷正義前言亦云：「觀漢書雄傳，『旁惜誦以下爲畔牢愁』。『畔』當讀如離騷『判獨離而不服』之『判』（遠遊作『叛』叛亦別也，叛與別古字通）。王註云：『判，（華按：佘誤作『叛』）別也』，畔牢愁仍卽離騷之意（王念孫讀書雜志餘編訓牢愁爲憂是也，以畔爲反，云與反騷同意，疑非）」。

註二二　見沈祖綿屈原賦證辨上卷第一頁。

註二三　見游國恩楚辭概論（第一二三頁）引。

註二四　游國恩楚辭概論（第一二四頁）云：「……說甚怪誕可笑，他的原文甚長，不能備引，引來我們也莫明其妙」。

註二五　文懷沙屈原離騷今釋（第一一頁）云：「『離騷』二字……較合適的解釋，應該是：『被離間的憂思』」。又見何錡章屈原離騷研究（第五頁）引。惟何氏續引曰：「離字的眞義，不是遭受，而更好的是離間。離騷正是寫的讒邪離間的憂愁幽思。因了讒邪離間，所以離別是該題的餘義。而遭受正是該題的補足之詞。至於屈原不用讒字間字，等於不用憂、愁而用騷字，那大概又是楚語了」。今查文氏屈原離騷今繹無此語。不知何氏何所據而云然？

註二六　何錡章屈原離騷研究（第五—六頁）云：「仍自字義中滾翻，猶周聖楷楚寶所云：『離、明也。騷、擾也。何取乎明而擾也？離爲火，火在天則明，風則擾矣』。以『明而擾』釋離騷，儘自字之各義中信手拈出其一，不就楚史楚俗中之背景以探其源，焉能得其眞義」？

註二七　參見史記斠證卷八十四——屈原賈生列傳第二十四。

註二八　見離騷語文疏解第九—十頁。

註二九　參見屈原離騷研究（第四—五頁）。

註三〇　見「屈原研究」（歷史人物第十九—二十頁）。

註三一　朱註大招第十「伏戲駕辯、楚勞商只」下註云：「伏羲之駕辯，楚之勞商，疑皆古曲名，而未有考」。

註三二　見「離騷解題」（游國恩等著：楚辭集釋，香港文苑書屋出版，一九六二年，第四三—四七頁）。

註三三　王逸大招章句第十云：「大招者，屈原之所作也。或曰景差。疑不能明也。屈原放流九年，憂思煩亂，精神越散，與形離別，恐命將終，所行不遂。故憤然大招其魂」。大招作者，屈乎？景乎？王逸雖稱疑不能明，然究其辭章，言外仍主屈原作以「大招其魂」。宋晁補之亦決其爲原作無疑。（參見林雲銘楚辭燈大招後序及劉永濟箋屈餘義「辯招魂大招二篇作者」一文引）。又明黃文煥楚辭聽直、清林雲銘楚辭燈、蔣驥山帶閣註楚辭等均從之。

註三四　大招一篇，自王逸疑爲景差所作之後，洪補雖未遽信從，但亦謂：「恐非屈原作」。朱註則斷曰：「大招不知何人所作。或曰屈原；或曰景差。自王逸時已不能明矣。其謂原作者，則曰詞義高古，非原莫及。其不謂然者，則曰漢志定屈原賦二十五篇。今自騷經以至漁父，已充其目矣。其謂景差，則絕無左驗。是以讀書者往往疑之。然今以宋玉大小言賦考之，則凡差語，皆平淡醇古，意亦深靖閒退，不爲詞人墨客浮夸豔逸之態。然後乃知此篇決爲差作無疑也。」

註三五　郭沫若屈原賦今譯後記（第二〇七頁）云：「知道『招魂』是屈原的作品，則『大招』一篇，王逸以爲作於屈原者，也不足信。『大招』行文呆滯，格調卑卑，是不十分高明的『招魂』的摹倣品。文中有『自恣荆楚』等語，楚人不自稱『荆』，故『大招』不僅不是屈原所作，而且也可能不是景差或任何其他楚國作者所作」。

註三六　此說蓋郭氏所倡，其「屈原研究」（歷史人物第二十頁）云：「據我的揣想，大招本是秦人做的，大約因爲有了屈原的離騷之後，便成了楚聲的代表名，就如後人稱楚辭文體爲『騷體』的一樣，聲轉入秦而成爲『勞商』，這也足證嬴秦之前是已經有了離騷的」。

註三七　劉永濟箋屈餘義「辯招魂大招二篇作者」云：「梁啟超則以大招有『小要秀頸若鮮卑只』一語，證為漢人作，是矣。……今按大招為漢人之作，已無問題」。朱季海楚辭解故「大招第十六」云：「屈原賦二十五篇，實無大招。景差之賦，亦無一篇為劉向所錄。又篇中稱楚，與列國無異，此招魂所無，是逸二說皆非也。今尋招魂宋玉所作，句中稱兮，句末稱些，故楚聲也。大招凡『兮』為『乎』，『些』為『只』，其風謠絕異。……大招又言『三公』、『九卿』；尋『九卿』所起，經無明文。王制昏義有之，說者以為夏制。伏生書傳云：『古者太子三公。每一公，三卿佐之』。……屈原卒赧王世，不當用書傳，王制後起之說。大招云云，盛稱『三公、九卿』純是漢學，宜出漢人乎。其『粉白黛黑』、『靨輔奇牙』、『芳澤』、『接徑』之云，皆招魂所無（亦不見屈賦二十五篇及九辯中），而淮南書有之。……頗謂大招是大山之徒所造」。

註三八　英人郝大衛（David Hawkes）主之。其Ch'u Tz'u, the Songs of the South (London, 1959),P. 103 ）一書云："Unlike Chao Hun, Ta Chao constantly mentions Ch'u, as though the author were anxious to establish that the poem was a Ch'u product. I have a feeling that it may have been written in 208 or 207 B.C. for the puppet-king Hsiung Hsin, who reigned for a little while over the restored kingdom of Ch'u which Hsiang Yu set up after the break-up of the short-lived Ch'in empire. The repeated references to Ch'u are understandable if the poem is taken to belong to that period of intense revivalism in which the former ruling classes of Ch'u felt themselves to be predestined leaders in the struggle to overthrow the hated Ch'in bureaucracy and restore the ancien tregime. The evidence for this dating is very slight, however, and we cannot say with certainty any more than that it was written some time in the second half of the third century B.C.”郝氏所云，雖無實據，亦合情理。

註三九　見「離騷解題」，載於游國恩等著：楚辭集釋，香港文苑書屋出版，一九六二年，第四三—四七頁。

註四〇　見「離騷名稱考釋」，載於大陸雜誌第十七卷第四、五期。

註四一　引語仍出張氏「離騷名稱考釋」一文。

註四二　如山海經大荒西經云：「夏后開（啟）上三嬪於天，得九辯九歌以下」。

註四三　據中國文化研究所編中文大辭典所收，「離」字共有三十七義。

註四四　參見屈原離騷研究（第十四頁）。

貳、從說文解字引楚辭說起

——香港中文大學中國文化研究所學術講演稿

一、引　言

古人說：「開卷有益」。這當然是指好的「卷」、好的「書」而言。如果不是好的「卷」、好的「書」的話，「開卷」非但「無益」，反而要有害了。其中道理，可以不言而喻。我們也就無需多費脣舌了。至於何者爲好的「卷」、好的「書」的問題，對在座各位來說，也不是一個問題。我們也可略而不提。問題是在那麼多的好的「卷」、好的「書」之中，却也還存在着版本的問題、眞僞的問題、（註一）和流傳的問題（註二）等等，不容我們一般認眞的讀書人所忽視。孟子所謂：「盡信書則不如無書」（盡心下）。卽符合這個道理。因爲，就版本的問題來說，一部書的版本有古今、新舊之分；而同樣古、同樣新的書之中，也有版本本身的優劣之別。從歷史的觀點來說，當然是越古、越舊的版本越好。（註三）這也是一般衡量古董價値的標準和尺度。因爲愈古、愈舊的書，變動就愈少、愈接近於該書的本來面目。其眞實性、可靠性也就越高。古人所謂：「去古不遠」，卽是這個意思。但是，古書之中却也有着流傳的問題。而且，越是古、舊的書，若不是原原本本地保存下來的話，其流傳的問題越是嚴重。換句話說：流傳越久的書，其「脫簡」、「錯簡」的可能性越大，其「羼入」、「竄亂」、「增刪」、「譌誤」的問題越多。此外，還有古書的眞僞問題等等，假如你是個讀書不求甚解的人則已。若是要認眞地讀書、踏實地作學問的話，那就非得愼重、仔細地辨認一部書的版本的古今、新舊或是優劣不可了。（註四）否則，若是冒然、草率地從事的話，往往有把高樓大厦建築在沙灘上的危險。鄭振鐸說得好：「可見書貴古本。不僅因其『古』而貴之，實在是爲了實事求是，要得到一個最準確，最無錯誤的本子，作爲研究的根據。以免因一字之差，而引起誤會，甚至不正確的論斷。」（註五）那末，怎樣才能分辨古書版本的優劣，以及其內容的正確可靠與否呢？這就有賴於「校書」的經驗，或是「鞲讎學」（校勘學）的幫助了。不過，校鞲學不是本文的主題，這兒也略而不提。（註六）

二、許愼說文解字引書略說

近幾年來，筆者在新加坡南洋大學中文系開了「楚辭」這門功課。由於教學上的需要，涉獵的版本漸多，於是便應用校勘學的方法，寫了一篇學術論文：「楚辭考校」。在考校的過程之中，應用的古註、類書、以及關係書等非常之多。說來話長，現在就只從中選擇許愼的說文解字一書，就這書引用楚辭的情形來跟各位談談。一來希望能向各位拋磚引玉；二來也希望從而引起各位對校勘學的興趣。

甚至是因而掀起另一個研究許愼說文解字的熱潮。衆所皆知，許愼的說文解字在中國文字學、語言學、聲韻學、以及經學上的地位都非常之高，價值特別大。但是，除此之外，却很少有人知道，它在校勘學的研究上，也是一部最可寶貴的參考資料。理由是在說文解字一書之中，許愼「博采通人」之說；（註七）宏徵博引，多能保存古籍的廬山眞面目。加以許愼注重復古，（註八）不僅徵引古籍的文字，都是盡量採用古文本的；（註九）就是偶而採用今文的詩說，（註一〇）或是其他文獻書籍的文句，也都是以能夠幫助說文解字的本義、本字爲依歸。目的在要「復其本眞」，還原文字或書籍的本來面目。這正是校勘學所講究的目的與宗旨。（註一一）更何況東漢許愼說文解字一書，所稱引的前人及時人的學說，所應用的典籍都是那麼繁富的呢？（參見下文）這也正是筆者所以要强調它在校勘學上也具有高貴價値的理由之所在了。

說文解字的研究，自來是一門非常熱門的學問。單從丁福保的說文解字詁林一書所收的有關著作，便可略見一斑。此外，研究說文引書、引經考之類的專書也不少。（註一二）其中要以馬宗霍的工作作得最完整、齊備、也最有系統。他著有說文解字引經考、說文解字引羣書考、說文解字引通人說考、以及說文解字引方言考（註一三）等書。對說文解字一書之中所引用的經典羣書的資料，以及前人的學說，作了分類的整理和考證的工作，不但可供討治古史學、古典文學、古文字學、語言學、方言學等的參考，更可以作爲校勘學的參考。根據馬宗霍的統計與研究的結果，我們知道說文解字一書，總共引用了易經、詩經、三禮（卽周禮、儀禮、禮記）、春秋左傳、公羊傳、論語、孟子、孝經、爾雅國語、方言等十四部經典。（註一四）此外，說文解字一書還引用了漢及以前的古籍共二十二部。例如山海經、老子、墨子、楚詞、韓非子和淮南子等是。雖然其中所引，平均每書不過四條（其中以引漢律令最多，共二十二條；其次是孔子、司馬法約十二條。許多是只引一條的），但是因爲都是東漢以前的原帙，其價值也可等於是一字千金了。（註一五）

再說，許愼說文解字一書還引用了約三十位東、西漢的「通人」（卽所謂「通儒」）的學說。例如董仲舒、司馬相如、劉向、劉歆、楊雄、班固、賈逵、衞宏等都是。（註一六）雖然平均每人不過引用了三條而已。（其中以引賈侍中、杜林、楊雄、司馬相如說爲最多），但是，因爲能夠保全兩漢人學說的本來面目，也能如同新近出土的漢墓裏所保存的完整不爛的女屍一樣地可貴呀！（註一七）單就這一點來說，說文解字在校勘學上的價值就無法衡量了。

三、說文解字引楚辭釋例

㈠楚辭成書在劉向（七七—六BC）編定之前

這兒讓我們舉楚辭一書爲例，看看現傳的楚辭和東漢許愼說文解字裏所引的楚辭有何不同？而後再看看它們之間的異同，具有一種怎樣的意義？

提起楚辭的本子，學術界一向都認爲西漢劉向所編定，東漢王逸所註釋的楚辭章句十七卷本爲最早。（註一八）但是還很少有人知道，遠在劉向「編定」楚辭之前，老早已經有一部名爲「楚辭」的專書了。（不過此書早已失傳）我們可以提出以下的證據：

一、楚辭之名始於漢初武帝之季，首見於史記、漢書：

史記酷吏列傳云：「始，長史朱買臣，會稽人也。讀春秋。莊助使人言買臣。買臣以楚辭與助俱幸侍中。爲太中大夫。用事。」

漢書朱買臣傳亦云：「會邑子嚴助貴幸，薦買臣，召見說春秋、言楚辭。帝甚悅之。」（註一九）

朱買臣的生平不可考，但他死於漢武帝元鼎二年（？——一一五ＢＣ）這是遠在劉向（七七—六ＢＣ）未「編定」楚辭之前，漢武帝時代已經有了楚辭專書的明證。而且這部專書非同小可，它雖然沒有被立於學官，或置過博士，但是它的重要性、它的地位之崇高，可以促成一個窮途潦倒的朱買臣因之而貴顯於當朝。受到漢武帝的賞識與寵幸。（註二〇）由此可以想見屈、宋諸作在當時必然已經有人把它們編成了一部名爲「楚辭」的專書。

二、淮南王劉安未作離騷傳之前楚辭已經成書：

再說，在朱買臣因爲精於楚辭而貴幸之前，漢武帝已經命令淮南王劉安作離騷傳了。這部離騷傳，在我看來，可以作以下三種解釋：

(1)它是一部專門解釋屈原離騷這首長詩的單篇作品，和屈原其他的作品無關，和楚辭這部書也無關。因爲當時楚辭尚未編定成書。這是一種傳統的信念與看法。這種看法一直到現在仍舊是留存在楚辭學界之間。

(2)離騷傳原是一部解釋楚辭的專書，不過名叫離騷傳吧了，因爲自來人們就把楚辭稱爲離騷。換句話說，離騷代表現在楚辭一書所載的屈、宋作品之總名，是學術界的一種傳統習慣。至少在六朝、隋、唐時代以來已經如此。（註二一）當時學者著書，往往於引用楚辭離騷以外的作品如天問、九歌、九章、九辯的文句時，都稱爲：「離騷曰」的，這種習慣一直延續到南宋朱熹時，都還是一仍不改。（註二二）例如他在楚辭集註前七卷的目次之後說：「以上離騷凡七題二十五篇，皆屈原所作，今定爲五卷。」至於屈、宋以外的漢人的作品，他就稱爲：「續離騷」。（註二三）

(3)淮南王劉安的離騷傳，只是從原有的楚辭一書之中，擇其離騷一篇，加以註釋而已。其餘各篇則闕而不釋。如同班固、賈逵所作的離騷經章句一般，只專注離騷一篇，「其餘十五卷，闕而不說」。（註二四）換句話說，早在漢武帝令劉安爲離騷一篇作傳之前，楚辭已經有成書了。我們這個說法，雖然沒有直接的證據，但也合情合理。總比張壽平所說的：「楚辭之名，在屈原的時代已有了」。（註二五）的說法，要來得保守、可取些。

以上三種解釋之中，若第(2)與第(3)種解釋正確的話，那麼劉安未作離騷傳之前，楚辭已經成書了。如果唯有第(1)種解釋才是正確的話，那麼我們也可以引用漢武帝召見朱買臣說春秋、言楚辭的史實作一旁證，證明劉安作離騷傳之前楚辭已經成書了的。

總之，「楚詞」這個名詞既然在西漢初年，漢武帝的時代已經有了，那麼早在劉向編定，王逸註解楚詞之前，必然已經有了楚詞這部書。至於當初首由何人所編定，則不得而知了。

(二)許愼說文解字引用楚詞在王逸作楚辭章句之前

我們可以肯定地說，東漢王逸未作楚辭章句之前，許愼已在說文解字一書裏引用楚詞了。而且由說文「楚詞曰某」、「楚辭有某」的措詞看來，又說明許愼引書之前，楚詞已經成書了。再說，許愼說文解字引楚辭的時候，王逸也尚未爲楚辭一書作章句。換言之，許愼說文解字成書在王逸楚辭章句之前。

許愼和王逸同爲東漢人，而且是同時的人。但是兩個人的生、卒年同樣不可考。（雖然在後漢書裏兩人都有傳），不過，我們可以肯定地說：許愼是前輩；王逸是後輩。而且說文解字一書作成在楚辭章句之前。例如根據後漢書儒林傳第六十九下（註二六），和許愼的兒子許沖上說文表（註二七）的記載，許愼從漢和帝永元十二年（公元一〇〇年）便開始撰寫說文解字一書，一直寫了十一年（公元一一〇年）才完成。後來，一直拖到安帝建光元年（公元一二一年），許愼病重了，才由他的兒子許沖奏上給安帝。

再說，王逸楚辭章句一書的寫作過程：根據後漢書文苑列傳第七十上所載，（註二八）和楚辭章句各卷卷目下題辭（註二九）的大義看來，楚辭章句十六卷是王逸在安帝元初年間（公元一一四—一二〇年）做校書郎任內所寫的。而第十七卷九思一篇則是他在順帝時（公元一二六—一四四年）做侍中的任內所作的。（註三〇）由此可見說文成書在楚辭章句之前。由下表可以清楚地看出：

說文解字作於：公元一〇〇—一一〇年，上於公元一二一年。楚辭章句作於：公元一一四—一二〇年；一二六—一四四年。

說文解字既然著成在楚詞章句之前，那麼說文解字裏所引的楚詞和王逸的楚辭章句無關，那是理所當然的。但是事實上二書的時代如此接近，不能無關。問題是說文解字裏所引的楚辭和王逸所傳的楚辭竟然有着那麼大的差別，這是最耐人尋味不過的事。造成這種現象的原因，我們認為有以下兩種可能：

(1)許慎所見楚詞，是漢初淮南王劉安、朱買臣時代已經傳世的古本。和劉向所編，王逸所註的現存本子不同。而且那個西漢初年的古本，老早已經失傳。連王逸也沒有能夠親眼看到。只剩下隻字、片語、單句，還保存在說文解字一書之中。不過，這個可能性不大，原因：王逸是當時的楚詞專家，他開始作楚辭章句時，必然廣泛地參考與搜索，不致於沒有看到許愼所見之本。

(2)許愼所採用的楚辭，原也不過是和劉向所編，王逸所註的本子一樣。不過許愼在引用其文句時，刻意改用本字或古字，以便配合他說文一書的崇古、還本、復古的精神和宗旨吧了。這個可能非常大。而且這樁事體如果被證明正確屬實的話，那麼其影響於經傳學、子學、史學、訓詁校勘學等等，問題可就大了。現在就讓我們看看說文所引的楚辭和現傳的楚辭有何出入？而後再看看它們之間的差異具有何種意義？

㈢說文解字引楚辭義例

我們可以這麼說一句：說文解字所引的楚辭字句多和現傳的楚辭不同。這種現象非常耐人尋味。按說文解字一書稱引楚辭共有七條。其中除了引離騷「女嬃之嬋媛兮」、大招「天白顥顥」兩條和現傳楚辭完全相同，以及引離騷「曰鮌倖直以亡身兮」這一句，簡省作「鮌倖直」之外，其餘四條所引的字句都和現傳的楚辭不同。試舉例說明如下：

一、說文一篇下艸部「菩」字下許愼云：「楚詞有菩蕭艸」

按現傳所有楚辭各本概無「菩蕭艸」的字樣。全書既未見「菩蕭」二字連文，根本也沒有一個「菩」字。根據一般學者考證的結果。都認爲「菩蕭」這兩個字實際上卽是宋玉九辯「白露既下百草兮，奄離披此梧楸」之中的「梧楸」。有的說當時許愼所見的楚辭古本卽作「菩蕭」（三一）；有的說現在楚辭九辯作「梧楸」，實在是「菩蕭」二字的假借。（註三二）本字是「菩蕭」。換句話說：這是一種草，而不是木。王逸不明假借之理，把「梧楸」說成「梧桐楸梓」，根本說錯了。

二、說文四篇上萑部「蒦」字下引楚詞云：「求矩彠之所同」。

按現傳楚辭離騷「矩彠」二字俱作「榘矱」。和許愼所見的楚辭也不同。據此，我們有理由相信許慎所見的楚辭乃是西漢初年的古本。證據是淮南子一書裏這兩個字也作「榘矱」。例如淮南子氾論訓云：「音有本主於中，而以知榘矱之所周者也」。這話孫詒讓說是本自於淮南王劉安的離騷傳。（註三三）加上高誘（東漢人）的淮南子註、（註三四）敦煌唐本切韻殘卷、（註三五）和廣韻（註三六）等書，都仍作「矱」，證明楚辭西漢古本正作「榘矱」，和許慎說文解字所引的相合。不過「榘」字簡省作「矩」罷了。

三、說文十二篇上手部「攓」字下引楚辭離騷云：「朝攓批之木蘭」。

按現傳楚辭「攓」作「搴」、「批」作「阰」。和許慎所見的本子也不同。就「攓」字來說，我先前以爲許慎所見的古本原本就作如字。（註三七）但是現在的看法有些不同了。因爲爾雅裏所載的和原本玉篇所引的九歌湘夫人都作「搴」。（註三八）這就使我懷疑：這種情形會不會是由於許慎引用楚辭文句來說解文字的時候，故意把原書所用的假借字改爲本字，或古字呢？（註三九）因爲許慎注重復古，其於字義，則只講本義、古義（當然也有講錯的）；其於字形，則取古文籀文（卽大篆）。雖然說文解字一書，全以篆文爲主。但是小篆和古文、籀文（大篆）相同的佔大多數，不同的佔少數。小篆字形若有和古文、籀文不同的，則把古文、籀文附在小篆之後，說：「古文作某」、「籀文作某」。這是說文解字全書的通例。（註四〇）現在把話說回來，例如「搴」字，楚辭所有的本子都沒有不作如字的。而且許慎以前的爾雅一書，關於「拔取」這一意義，也只有「搴」字，而沒有「攓」字。就因爲對於「拔取」這一義來說，「

攓」是本字，而「搴」是假借字，簡體字，或是或體字。（註四一）所以許愼在引用楚辭離騷「朝搴阰之木蘭兮」這一句裏的「搴」字來解釋「拔取」這一個意義時，便把「搴」字改爲「攓」字了。這種引書改字、省句的現象，在說文解字一書裏是很尋常的。例如上文曾提及引離騷「曰鮌倖直以亡身兮」這一句便省略作「鮌倖直」。再從校勘學的立場來說，這種引書改字省句的現象在一般的類書、古註之中也是很常見的。（註四二）

四、說文十二篇下弓部「彈」字下引楚辭天問曰：「𢏚焉彈日」？

按現存楚辭各本「𢏚」字俱作「羿」。沒有例外的。都和許愼所見的本子不同。由此可見許愼所根據的本子一定是古本。這一點可以由那個帝嚳的䠶官的名字，在古論語裏正作「𢏚」字的事實，得到證明。（註四三）問題是許愼所見的楚辭古本裏，這個善䠶的「羿」原本是不是作「𢏚」字？我前些時候認爲是的。（註四四）但是照現在的情形看來，我不得不改變我以前的看法。我現在的看法是：許愼所見的楚辭古本裏，羿的名字原本就作「羿」。和現傳的楚辭相同。但是因爲「羿」字不是「䠶官」這個意義的本字，而是「羿」的俗省字。（註四五）至於「羿」字的本義，說文以爲是：「羽之羿風」。和「䠶官」這一意義也無關。眞正代表「䠶官」這個意義的本字是「𢏚」字。古論語所謂：「𢏚善䠶」。用的正是正字、本字。許愼在引用楚辭天問「羿焉彈日」這句來解說「𢏚」字的本義時，就根據他所見的古論語「𢏚善䠶」，改成「𢏚焉彈日」了。就因爲他這麼一改，便造成了和現傳所有的楚辭本子都不同的局面。這雖只是一字之差，但其後果都足以謬成千里的。何以見得許愼所見的楚辭古本裏「𢏚」字原本是作「羿」的呢？我們的證據很多；直接的證據是淮南子一書，和賈逵的左傳註。間接的證據多得不勝枚舉，例如：論語（古論除外）、孟子、山海經與史記等漢以前的經典、古籍都是。在這些比許愼的時代都要早的書籍裏，所記載的那個神箭手（善䠶者）都叫做「羿」。而沒有例外的。（除古論語以外）例如「羿」字在楚辭裏一共出現了四次，（註四六）都作「羿」，而且和淮南子一書裏所記載的「羿」相同。沒有例外的。（註四七）

值得注意的是：淮南王劉安是西漢初年的楚辭專家，對楚辭一書不僅有深入的研究，而且還著有離騷傳（或即楚辭傳）一書。上文提及，孫詒讓（札迻）說他的淮南子一書裏有直接用離騷傳本文的地方。這是很正確的。其實這也並不稀奇。淮南子一書，包羅萬有，著作的時候，它必然是有所本，有所根據的。我們有理由相信，淮南子一書裏有關那個神箭手羿的神話故事應是本自楚辭。縱或不是根據楚辭，而是根據山海經、論語、孟子、左傳等書，也必然跟楚辭有關。至少淮南子有參考楚辭的地方。這是可以肯定的。現在淮南子一書裏所有的「羿」都作如字，有力地證明了當初淮南王劉安所見的楚辭已作「羿」了。關於這一點，我們有很好的人證。他就是最早給淮南子一書作註解的東漢人高誘。他的淮南子註正作「羿」。不但如此，對於現傳劉向所編的楚辭本子，原本已經作「羿」，我們也有很好的人證。他就是最早給劉向楚辭十六卷一書作章句（即是註）的東漢人王逸（叔師）。他的楚辭章句十七卷裏也正作「羿」

（註四八）由此可見那個神箭手（善䠶者）的名字在西漢、東漢的楚辭本子裏同樣都作「羿」。許慎所見的本子不應有異。

我們的人證還不止此呢！許慎的老師賈逵（侍中）也是最好的一個。那個神箭手的名字左傳正文本作「羿」自不必說，（註四九）賈逵的註也是作「羿」的：「羿之先祖，世爲先王䠶官。故帝嚳賜羿弓矢，使司射」。（註五〇）還有，賈逵曾經作過離騷經章句一篇，（註五一）他所根據的本子不論是西漢初年淮南王劉安所見過的，或是稍後劉向所編定的，必然也都是作「羿」的。因爲同是一個人的名字，總不應跟他所見的左傳，以及他本人的左傳註有出入的。據此，許慎說文解字所引的楚辭原本也必然是作「羿」的。因爲許慎所根據的正是他老師賈逵的本子。（註五二）現在說文解字所引的所以作「𢏚」，那是許慎根據古論語改掉的。

此外，還有上面曾經提及的間接的證據，諸如：論語憲問、（註五三）孟子離婁下、（註五四）山海經海外南經、（註五五）海外東經郭註引歸藏鄭母經、（註五六）海內經及郭註、（註五七）以及史記夏本紀（註五八）等漢或漢以前的古籍裏所提到的那個神箭手（善䠶者）的名字都全作「羿」。

四、結語

根據這些個證據，以及以上我們所討論的結果，對於上古神話傳說中那個「䠶官」（神箭手）的名字，我們可以作出這樣的一個結論：從文字學的立場來說，「善䠶」或「䠶官」這個意義的本字是「𢏚」。上古神話傳說中那個神箭手的名字原本就叫做「𢏚」。因爲「𢏚」字跟「羿」字同聲通假，（註五九）於是有的古書便又作「羿」。後來「羿」字簡省作「羿」，於是古書便都寫作「羿」了。待到許愼作說文解字的時候，爲了符合他崇古、復古、還本的宗旨與精神，以及爲了遵照他說文解字一書專講本字本義的原則，他便根據古論語而改作「𢏚」字。造成了現在神箭手「羿」的名字，說文所引的和所有古書所載的（除古論在外）都不同的局面。許愼這種引書改字的作法，不僅是楚辭一書如此，在說文解字一書裏所引其他的典籍等也都是如此。（註六〇）這是國學界裏一個非常嚴重的問題。因爲許愼說文解字引書改字的眞像如果一天不能大白的話，則學術界，如經傳學、子學、史學、語言文字學、訓詁學等等，都要受他所蒙蔽和誤導。但是這個問題說來話長，容當另文專論。最明顯的一個例子是，說文繫傳引用古書也往往受許愼作風的影響，改從本字，順此指出。

【註釋】

註一　參見康有爲新學僞經考、張心徵僞書通考等書。

註二　參見謝無量楚辭新論第二章。

註三　參見王叔岷斠讎學第五章第五七—六一頁。

註　四　見同上註。

註　五　參見朱熹楚辭集註，一九五三年八月人民文學出版社景印宋端平朱鑑刻本鄭振鐸跋。

註　六　關於斠讎學，可參考宋鄭樵通志校讎略、清章學誠校讎通義……王叔岷斠讎學，（中央研究院歷史語言研究所專刊之三十七，民國四十八年，臺北史語所出版）等書。

註　七　許愼說文解字敍云：「博采通人，至於小大。信而有證，稽譔其說」。

註　八　說文解字敍：「今敍篆文，合以古籀」。段註云：「篆文謂小篆也。古籀謂古文籀文也。許重復古，而其體例不先古文籀文者，欲人由近古以考古也。小篆因古籀而不變者多，故先篆文，正所以說古籀也。……其有小篆已改古籀，古籀異於小篆者，則古籀駙小篆之後，曰古文作某、籀文作某，此全書之通例也。」

註　九　說文解字敍云：「其稱易孟氏、書孔氏、詩毛氏、禮、周官、春秋、左氏、論語、孝經，皆古文也。於其所不知，蓋闕如也。」

註一〇　馬宗霍說文解字引詩考敍例云：「許君詩雖宗毛，然其引詩則不廢三家。蓋說文爲字書，訓義必求其本，所稱諸經，因亦有說假借引申之義者，要之以證本義爲主。毛詩古文多叚借，以本義詁之，時則不遂，則不得不兼采三家矣。今考其例，凡字異義同而毛爲借字，三家爲正字者，則義多從毛，而字從三家。若毛與三家字雖異，而音義皆同，古本互用，無正借之分者，則字亦從毛，亦有字與義並從三家者，則以毛本字異義亦異，與三家各自爲說，故亦各取所證也。又有一詩兩引，一從三家一從毛者，則意取兼存，使後之治詩者，可於是而觀古今詩說異同之故也。」

註一一　見同註三。

註一二　例如：吳玉搢說文引經考。

陳　瑑說文擧例（許學叢刻第二册）光緒十三年（一八八七）。

承培元說文引經證例。

雷　浚說文引經例辨（雷刻八種第一至三册）光緒八年（一八八二）等。

註一三　說文解字引經考（全七册）北京、科學出版社，一九五八年；說文解字引羣書考，北京，科學出版社，一九五九年；說文解字引通人說考，同上；說文解字引方言考，同上。

註一四：按所引各經之次數及稱詞式如下：

易經：計七八條。作：「易曰某某」、「易卦某某」、「易謂之某」、「即易某某」等；

書經：計××條。（缺）

詩經：計四二三條。作：「詩曰某某」、「詩云某某」等；附引三家詩說二條。作「魯詩說某某」、「韓詩傳曰某」等；

周禮：計九五條。作「周禮曰某」、「周禮有某」、「周禮某某」、「周官謂之某」、「禮某某」、「禮有某某」等；

儀禮：計三〇條。作：「禮曰某某」、「禮某某」、「禮謂之某」、「禮有某某」、「鄉飲酒之某」等；

禮記：計一四條。作：「禮記曰某」、「禮記有某」、「禮記某某」、「禮有某某」、「禮官某某」、「明堂月令曰某」等；

春秋左傳：計一七八條。作：「春秋傳曰某」、「春秋傳有某」、「春秋傳某」、「春秋傳某」、「春秋云某」等；

春秋公羊傳：計三條。作「春秋公羊傳曰某」、「公羊傳曰某」等；

國語：計二〇條。作：「春秋國語曰某」、「國語曰某」等；

論語：計三一條。作「論語曰某」、「論語有某」、「論語云某」、「論語某某」等；又附引逸論語（古論）二條。作「逸論語曰某」。

孝經：計三條。作「孝經曰某」。

又引孝經說一條。作「孝經說曰某」。

爾雅：計二八條。作：「爾雅曰某」、「爾雅云某」、「爾雅某某」、「某某見爾雅」等；

孟子：計八條。作「孟子曰某」、「孟軻曰某」等。

其中以引用詩經爲最多。共計四二二條。（還有今文詩說二條）。其次是春秋左傳。共引一七八條。（尚有公羊傳三條）再其次是三禮，共引用一三九條（其中以引周禮爲最多，計九五條)。再其次是引易經和書經，約共引用百來條。最少是孝經，只引三條。

註一五　按所引各書次數及稱詞式如下：

天老：計一條。作：「天老曰某」。

山海經：計一條。作：「山海經曰某」。

伊尹：計二條。作：「伊尹曰某」。

史篇：計三條。作：「史篇名某」、「史篇讀某」、「史篇以爲某」等。

師曠：計一條。作：「師曠曰某」。

老子：計一條。作：「老子曰某」。

孔子：計一二條。作：「孔子曰某」。

墨子：計二條。作：「墨翟書某」、「墨子曰某」等。

司馬法：計一一條。作：「司馬法某」、「司馬法曰某」等。

楚詞：計七條。作：「楚詞有某」、「楚詞曰某」等。

韓非：計二條。作：「韓非曰某」。

魯郊禮：計二條。作：「魯郊以某」、「魯郊禮某」等。

甘氏星經：計一條。作：「甘氏星經曰某」。

五行傳：計二條。作「五行傳曰某」。

律歷書：計一條。作：「律歷書名某」。
太史卜書：計一條。作：「太史卜書某」。
淮南子：計四條。作：「淮南子說某」、「淮南傳曰某」、「淮南王說某」、「淮南子曰某」
秘書：計二條。作：「秘書某某」、「秘書說某」。
軍法：計五條。作：「軍法曰某」、「軍法某某」。
漢律令：計二三條。作：「漢律曰某」、「漢律某某」、「漢令曰某」、「漢令某某」、「漢律令某」、「漢令有某」。
傳：計五條。作：「傳曰某某」。

註一六：說文解字敍段註列通人凡二十七家。包括孔子、楚莊王、韓非等。黃六平說文解字敍講疏（第一九五一一九六）另擧八家。玆將所引各家之次數表列如下：

董仲舒說：計二條。　司馬相如說：計一一條。
京　房說：計一條。　歐陽　喬說：計一條。
桑　欽說：計四條。　劉　向說：計一條。
劉　歆說：計一條。　爰　禮說：計一條。
揚　雄說：計一三條。　守　弘說：計一條。
杜　林說：計一七條。　賈侍中說：計一七條。

班　固說：計一條。　傅　毅說：計一條。
蒍　宏說：計二條。　徐　巡說：計二條。
張　林說：計一條。　王　育說：計五條。
譚　長說：計七條。　官　溥說：計四條。
尹　彤說：計一條。　黃　顥說：計一條。
莊　都說：計一條。　張　徹說：計一條。
周　盛說：計一條。　甯　嚴說：計一條。
逯　安說：計一條。　博　士說：計一條。
司　農說：計一條。　復　說：計一條。

註一七　參見長沙馬王堆一號漢墓（上、下集）中國科學院考古研究所編，文物出版社出版，一九七二年。

註一八　參見同上註五。

註一九　又漢書王褒傳云：「宣帝時，修武帝故事，講論六藝羣書，博盡奇異之好，徵能爲楚辭，九江被公，召見誦讀。

註二〇　參見本書『淮南王劉安「離騷傳」辯』，第一三九—一五四頁。

註二一　饒宗頤楚辭書錄（第一〇一頁）云：「又引九章、天問、遠遊語、則稱『離騷』；引九歌、湘夫人則曰『離騷九歌』；引招魂則曰『楚詞』，頗與宋人輯註楚辭統稱屈原所作爲『離騷』相符。知晦庵集註目錄題曰『離騷九歌』，而云『檃括舊編，題屈原二十五篇爲離騷』者，其說固遠有所據也。疑自晉以來本子已如此。彥和文心辨騷篇以『騷』名統楚辭，正六朝以來之習慣焉爾。」此外，一切經音義卷五十五，頁一二〇三「纔哳」條註引九辯」云：「離騷：啁哳而悲鳴是也。」卽其例。

註二二　見一九五三年八月人民文學出版社景印南宋理宗端平二年朱鑑刊本。

註二三　朱熹楚辭集註南宋朱鑑刊本目次云：

離騷經第一

離騷九歌第二

離騷天問第三

離騷九章第四

離騷遠遊第五

離騷卜居第六

離騷漁父第七

以上離騷凡七題二十五篇，皆屈原作，今定爲五卷。

續離騷九辯第八　宋玉。

續離騷招魂第九
續離騷大招第十　景差。
續離騷惜誓第十一　賈誼。
續離騷弔屈原第十二
續離騷服賦第十三
續離騷哀時命第十四（按此脫「第」字）莊忌。
續離騷招隱士第十五。淮南小山。

註二四　王逸楚辭章句離騷敍云：「而班固賈逵，復以所見，改易前疑，各作離騷經章句，其餘十五卷，闕而不說。」

註二五　見「離騷名稱考釋」，大陸雜誌，第十七卷，第四、五期。

註二六　後漢書儒林列傳第六十九下云：「許愼，字叔重，汝南召陵人也。性淳篤。少博學經籍。馬融常推敬之。時人爲之語曰：五經無雙許叔重。爲郡功曹；擧孝廉。再遷；除波長。卒於家。初，愼以五經傳說，臧否不同。於是撰爲五經異義。又作說文解字十四篇。皆傳於世。」

註二七　許沖上說文表云：「臣父故太尉南閤祭酒愼，本從逵受古學。……愼博問通人，考之於逵，作說文解字。……凡十五卷，十三萬三千四百四十一字。愼前以詔書校書東觀。敎小黃門孟

生李喜等，以文字未定，未奏上。……今慎已病，遣巨齎詣闕。……建光元年九月己亥朔二十日戊午上。」（見說文解字十五卷下引）

註二八　後漢書文苑傳第七十上云：

「王逸，字叔師。南郡（華按：王氏楚辭章句第十七九思序作「南陽」）宜城人也。元初中，舉上計吏，爲秘書郎。順帝時爲侍中。著楚辭章句，行於世。」

註二九　汲古閣本楚辭章句卷目云：「離騷經章句第一，校書郎臣王逸上；九歌章句第二，校書郎臣王逸上；天問章句第三，校書郎臣王逸上；九章章句第四，校書郎臣王逸上；遠游章句第五，校書郎臣王逸上……九思章句第十七，漢侍中南郡王逸叔師作」。

註三十　參見翁世華「楚辭考校」，第三七—三九頁。

註三一　見嚴章福說文校議議「菩」字下註語；說文解字「菩」字下段註語；朱季海楚辭解故「奄離披此梧楸」條。

註三二　參見馬宗霍說文解字引羣書考卷一，第三十二頁。

註三三　參見札迻卷十二，第五二七頁。

註三四　高註云：「榘、方也；矱、度法也。」

註三五　見卷十八「麥」。

註三六　見卷第五「蘗」、第十八「陌」。

註三七　參見翁世華「楚辭考校」，第三九—四三頁。

註三八　爾雅釋言：「芼、搴也」。郭註云：「謂拔取菜」。

註三九　這一種奇妙的想法，原來是王叔岷老師所提出的。只是一時尚未找到內證和論據足以支持。屬華留意。

註四〇　見同上註八。

註四一　參見吳玉搢說文引經考；馬宗霍說文解字引羣書考卷一，頁三十三；郝懿行爾雅義疏釋言；佘雪曼離騷正義。

註四二　參見王叔岷斠讎學通例第八十—八十七頁。

註四三　說文弓部云：「𢏚，帝嚳䠶官。……論語曰：𢏚善䠶」。案「𢏚善䠶」出古論語憲問。今論語「𢏚」字作「羿」。阮元論語校勘記曰：「汗簡載羿之古文爲玕、云出古尚書。玕即𢏚之變體。蓋古論則作𢏚也。」承培元說文引經證例「𢏚善䠶」條下云：「𢏚者，帝嚳䠶官以爲氏，傳至夏，而少康滅之。鄦引論語溯其源也。知論語古本作𢏚，不作羿矣。」

註四四　參見翁世華「楚辭考校」，第五六—五八頁。

註四五　嚴章福說文校議議「羿」字下云：「說文作𢏚，經典借羿爲之。隸俗作羿」。錢坫說文解字斠詮「羿」字下云：「弓部有𢏚，義與此同。亦一字也。」李富强說文辨字正俗「羿」字下云：「羿、𢏚或古今字也。」邵瑛說文解字羣經正字「羿」字下云：「今經典作羿。隸省。」

按羿、㺯類篇集韻以爲二字。詳說文聲義。自是一字。蓋古今字耳。漢簡云：㺯出古文尚書。」說文「羿」字下段註云：「俗作羿」。馬宗霍說文解字引羣書考卷一，第三十五頁云：「說文無羿字，蓋卽羽部羿字之隸省。」

註四六　楚辭離騷云：「羿淫遊以佚畋兮，又好射夫封狐」。天問云：「羿焉彃日、烏焉解羽」。又云：

「帝降夷羿，革孽夏民。胡躲河伯？而妻彼雒嬪？馮珧利決，封豨是躲。何獻蒸肉之膏，而后帝不若？浞娶純狐，眩妻爰謀。何羿之躲革，而交吞揆之？」

註四七　例如本經訓云：

「逮至堯之時，十日並出。焦禾稼，殺草木。而民無所食。猰貐、鑿齒、九嬰、大風、封豨、修蛇、皆爲民害。堯乃羿誅鑿齒於疇華之野，殺九嬰於凶水之山。繳大風於青邱之澤。上射十日而下殺猰貐。斷修蛇於洞庭，禽封豨於尋林。萬民皆喜，置堯以爲天子」。

氾論訓亦云：

「羿除天下之害，而死爲宗布。」高誘註云：

「羿，古之諸侯。河伯溺殺人，羿射其左目；風伯壞人屬寶，羿射中其膝。又誅九嬰、窫窳之屬。有功於天下，故死託祀於宗布。」

註四八　參見上註引：氾論訓高註。

註四九　楚辭章句離騷：「羿淫遊以佚畋兮」；天問：「羿焉彃日」、「帝降夷羿」、「何羿之䠶革」？

註五〇　左傳襄公四年：「昔有夏之方衰也。……后羿恃其射也。」左傳孔疏引、論語邢疏引賈註並同。

註五一　見同上註二四。

註五二　說文「嬃」字云：「女字也。……楚詞曰：『女嬃之嬋媛』。賈侍中說：『楚人謂姊為嬃。』」段註云：「賈語蓋釋楚辭之女妻。」據此，知許愼所引楚辭必據其師賈逵之本。

註五三　論語憲問云：「羿善射，奡盪舟」。古論除外。

註五四　孟子離婁下云：「逢蒙學射於羿，盡羿之道。思天下惟羿爲愈己，於是殺羿」。

註五五　海外南經云：「羿與鑿齒戰于壽華之野。羿射殺之。」

註五六　海外東經郭註引歸藏鄭母經云：「昔者，羿善射。畢十日。果畢之。」案「畢」乃「彃」之敗字。

註五七　海內經：「帝俊賜羿彤弓，素矰，以扶下國。羿是始去恤下地之百艱」。郭註云：「言令羿以射道除患。扶助下國。……有窮后羿慕羿射，故號此名也。」

註五八　張守節史記正義：「歷羿、浞二世、四十年」。

註五九　「羿」字的本義，說文云：「羽之羿風」。

註六〇　參見撰寫中之拙作「說文解字引書之義例及其影響」。

參、楚辭九歌的倒裝法

——楚辭修辭學研究之一

一

楚辭盛行於兩漢。自漢興以來，由於漢高祖劉邦（206-195B.C.）本身的喜好（註一），其兄劉仲的兒子——吳王劉濞的創導，入文、景之世，楚辭學者如賈誼、嚴忌等輩崛起（註二）。此外，漢武帝也因爲愛好楚辭，而詔命淮南王劉安特地爲他寫作一篇離騷傳（註三）。首開楚辭研究的風氣，可說是楚辭學的濫觴。其時淮南王的羣臣之中，也不乏楚辭的學者（註四）。更有貧窮得幾乎餓死，然而就因爲能「說春秋、言楚辭」，終於貴顯當朝的朱買臣（註五）。宣帝（73-49B.C.）朝內，還有擅長楚聲的九江被公被詔誦讀（註六）。其後成帝（32-7B.C.）詔命光祿大夫劉向校訂經傳諸子詩賦，又另輯了楚辭十六卷一書。除屈、宋及漢人的作品，其中不僅包括他自己創作的一篇九歎，還特地爲那「文義不次，又多奇怪之事」的天問一篇作註解（註七）。

東漢初期，研究楚辭的風氣未曾衰退。例如章帝（76-88A.D.）時，班固和賈逵都作有離騷經章句；順帝（126-144A.D.）時，王逸更作了現存最早，而又最齊全的楚辭章句一書（註八）。此後各個朝代，幾乎都有註釋、評論、摹擬以及研究楚辭的專書，留傳下來（其中也有亡佚的），多得如同汗牛充棟，爲數不下千數百家，我們只要翻看饒宗頤教授的楚辭書錄（註九），和姜亮夫的楚辭書目五種二書（註一〇），便可略知大概了。這些研究楚辭的專書與論著，有專講訓詁的，如王逸的楚辭章句是；有專講義理的，如朱熹的楚辭集註、王夫之的楚辭通釋等是；有專講考據的，如吳仁傑的離騷草木疏、蔣驥的山帶閣註楚辭等是；有專講音韻的，如陳第的屈宋古音義、江有誥的楚辭韻讀等是；其中也有兼講義理與考據的，如朱子的集註、黃文煥的楚辭聽直等是；也有兼講訓詁與考據的，如戴震的屈原賦註是；也有兼講考據與音韻的，如屠本峻的離騷草木疏補、蔣驥的山帶閣註楚辭等是（註一一）；還有專門評論楚辭或各篇的著作大旨的，如班固的離騷贊、蔣之翹的七十二家評楚辭等是；也有專門繕寫楚辭各篇原文或繪畫楚辭圖譜的，如蘇軾書九歌、米芾行書離騷，李公麟九歌圖、蕭雲從離騷經圖等是（註一二）；此外，近世中外學者有關屈原、宋玉楚辭或是各篇的單篇論著，不下千數百篇，其中有關於屈原作品的思想、風格、文藝技巧，楚辭或各篇的作者問題、眞僞問題、結構問題、語法、與單字問題的研究等等，範圍相當廣泛，方面極其齊全，然而就是楚辭的「修辭學」；迄尙無人注意及之。這兒人棄我取，筆者寫作本文，卽是此一方向研究的一種新嘗試。

二

陳望道的修辭學發凡一書，劉大白稱爲「實在是中國有系統的兼顧古語文今語文的修辭學書底第一部」，並且把該書出版的那一年——一九三二年，認爲是中國第一部修辭學書出版的一年，也可目爲中國文學史上最可紀念的一年（註一三）。劉大白此話的眞實性與可信性如何，專家們自有定見，玆不置評。然爲範圍所限，本文只想略談「倒裝」一格。對於陳望道所作有關積極修辭法中的「倒裝」一格的論說，我們的評價是：功過參半。他可以居功的，當然是在實例的發掘方面，那種華路藍縷的開山之勞；然而他所不能辭却的過失，也正是對他那苦心孤詣搜得十多個實例，不能妥善地給以整理、分類與說明（註一四），致使讀者無法從而獲得一個明確的概念。

例如他給倒裝法的形式所分的兩個類：變言倒裝，便不能給人一個具體、明確與爽朗的概念。對於第一類，陳望道說：「這類純粹只是語次或語氣上的顚倒，並不涉思想內容和文法組織」。對於第二類，他又說：「或顚倒謂語和賓語，或將主語和謂語中的一部交換位置，或將主語和賓語交換位置，也有別用一個字間錯開的，也有顚倒邏輯上的順序的，雖然也是顚倒順序，却往往侵及內容和組織，第一類單純的倒裝不同」。

他的所謂「隨語倒裝」，除了指明是句的倒裝，也卽是主句與從句次序之顚倒、或主語與謂語次序的顚倒（如例句一、二、三、四卽是），之外，又包括了詞組（Phrases）的倒裝（如例五）以及詞序（word order）的倒裝（如例六）。又如他的所謂「變言倒裝」，却是包括了詞序的顚倒（如例七、八、九、十、十一）——一種比較單純的倒裝，以及詞序與詞組的雙料的倒裝（如例十二、十三）。例如原本是「紅豆粒」與「碧梧枝」的詞組，作者却倒稱爲：「鸚鵡粒」與「鳳凰枝」；原本是「鸚鵡啄餘紅豆粒」與「鳳凰棲老碧梧枝」的，作者却倒言爲：「紅豆啄餘鸚鵡粒，碧梧棲老鳳凰枝」，這不僅是一種構詞法的刻意倒易，而且邏輯上也是講不通。但是舊詩詞中却以此法爲能加强語勢，與錯綜句法。正如沈括所謂：「蓋相錯成交，則語勢矯健。（註一五）」由此可見陳望道對於倒裝辭的類旣然分得雜亂無章，而對於類意的描述，槪念也晦澀不明。教人無由適從。

其實，舊詩詞中的倒裝法，從語法學的觀點來看，不外詞組（Phrases）的倒裝與詞序（word order）或句法（Syntactic）的倒裝兩類。換句話說，即是違反正常的語言習慣的一種構詞法與造句法。倒裝法旣然是一種造句法與構詞法，那末，如果從語法學的立場加以分析說明，是最能交代得清楚明晳的。

三

楚辭的倒裝辭極其豐富。由九歌各詩所用之多，即可見出一斑。九歌各詩所以應用倒裝法，主要是爲了加强句子的語勢，調整音調節奏，以及押韻等關係。玆分類擧例說明如下：

甲、詞組的倒裝

⑴吉日兮辰良。（東皇太一）

「辰良」乃是「良辰」一詞的倒裝，依照古今漢語的習慣，順言都作「良辰」。俗云：「良辰美景」卽是。如文選卷三十謝靈運擬魏太子鄴中集詩序云：「天下良辰美景，賞心樂事，四者難並」。陳書孫楊傳云：「每良辰美景，賓僚並集，泛長江而置酒，亦一時之勝賞焉」。凡此都是「良辰」一詞的正常用法。這裡詩人爲了要和下句「穆將愉兮上皇」的「皇」字押韻，其實也是爲了遷就全詩所用的陽韻，刻意把「良辰」倒裝爲「辰良」。這麼一來，全詩的音調與韻味也就益發顯得悅耳鏗鏘了。聞一多說得好：「辰良卽良辰，倒詞以取韻」（註一六）。

⑵君欣欣兮樂康。（東皇太一）

王註云：「康，安也。」則「樂安」顯然是「安樂」一詞的倒裝。就以「樂康」而言，也是「康樂」一詞的倒裝。現在一般團體組織中往往有「康樂」一股。這裡詩人把「康樂」一詞倒裝，主要也是爲了要和「堂」、「倡」、「蟟」、「芳」、「琅」、「皇」與「良」等字押韻的關係。

⑶君不行兮夷猶。（湘君）

「夷猶」乃「猶夷」一詞之倒裝。王逸說得好，「夷猶、猶豫也」。字又作「猶與」、「尤豫」、「由與」等。（參見姜註第二〇九頁及其詩騷聯綿字考）這裡詩人把「猶夷」倒裝成「夷猶」，爲的

是要與「洲」、「脩」、「舟」、「流」等字押韻。(參見下文)

(4)蹇誰留兮中洲。(湘君)

「中洲」順言當爲「洲中」。如同湘君末章「捐余玦兮江中」的「江中」、湘夫人二章「鳥何萃兮蘋中」的「蘋中」，四章「麋何爲兮庭中」的「庭中」，五章「築室兮水中」的「水中」，以及河伯三章「靈河爲兮水中」的「水中」等。都是正常的詞法。這里純粹是爲了和「舟」、「流」等字押韻，詩人便把「洲中」顛倒爲「中洲」。

(5)罾何爲兮木上？……麋何爲(註一七)兮庭中？蛟何爲兮水裔？(湘夫人)

靈何爲兮水中？(河伯)

以上各例中的「何爲」一詞，按照近代漢語的習慣，順序都作「爲何」？卽口語中的「爲什麼」？然而楚辭一書之中，「何爲」一詞凡七見，都沒有作「爲何」之例的。如除上舉四例之外，尙有天問的「惟時何爲」？「夫何爲周流」？以及招魂的「何爲四方些」？這麼說來，在上古漢語的習慣中「何爲」倒是順言，現在我們所謂的「爲何」或「爲什麼」反而是倒裝了(？)。這是古今漢語語言演變的一個痕跡。

(6)載雲旗兮委蛇。(東君)

「兮」字，聞一多以爲可用「之」字代替，讀作：「載雲旗之委蛇。」他說：「『雲旗』『委蛇』倒裝。(註一八)」理由是「雲旗之委蛇」爲不詞，順言應該是「委蛇之雲旗」。聞氏又說：「離騷

『載雲旗之委蛇』即『載委蛇之雲旗』，那裏形容詞與名詞倒置，性質亦同」（註一九）。根據漢語語法習慣，「形名結構」這一類詞組的詞序是形容詞置於名詞之前：〔形容詞＋名詞〕（〔A＋N〕）。這裏顯然是爲了要和「雷」、「懷」、「歸」等字押韻而倒置成「雲旗兮委蛇」。

(7)乘水車兮荷蓋。（河伯）

此例與例(6)「載雲旗兮委蛇」句法完全相同。但是上例中的「兮」字聞一多以繫詞「之」字代替，而此例中的「兮」字却以連詞「而」字代替，顯然是大有問題（註二〇）。我們認爲這句裏的「兮」字，意思與作用也相當於繫詞「之」字。而「水車之荷蓋」也是形名結構「荷蓋之水車」此一詞組的倒置。

(8)成禮兮會鼓。（禮魂）

就現代漢語的順序而言，「成禮」一詞應作「禮成」。如現在一般會議儀式之中，最後一項往往是「禮成」，雖然現在多已簡稱「散會」了。王逸楚辭章句云：「言祠祀九神，皆先齋戒，成其禮敬。」這是望文生訓。不過根據洪、朱所謂另一本「成」作「盛」的情形看來，則「盛禮」與「會鼓」倒是對文。那末「盛禮」就不能當倒裝辭看待了。

乙、詞序（或句法）的倒裝

(9)穆將愉兮上皇。（東皇太一）

王註云：「穆，敬也；愉，樂也；上皇，謂東皇太一也。言己將修祭祀，必擇吉良之日，齋戒恭敬，以宴樂天神也。」叔師所說，大抵不差。能根據正常語序爲訓。因而我們能夠見出「穆將愉」這一句法的倒裝。不過王註「愉，樂也」一說，也還不甚清爽。不如聞一多的說法要佳勝些。聞氏云：「愉，猶娛也。郊祀歌『合好效歡虞太一』，虞娛古通。『愉』是外動詞」（註二一）。這說法是很新穎、正確的。例如「以娛神明」、「以娛嘉賓」，「娛」字正作動詞用。而「穆將愉兮上皇」即是「將穆愉兮上皇」一語的倒裝。意思是：「（善男信女們）將恭恭敬敬地歡娛東皇太一」。這裏詩人把「穆」字倒置提前，一來是爲了要强調祭祀時那種恭敬肅穆的氣氛與場面；二來也是爲了要使語氣强而有力，一如沈括所謂的「語勢矯健」。由於不解句法的倒裝，郭沫若和文懷沙都把這一句譯錯了。錯在他們師生倆都把「愉」字當副詞看待。（註二二）

⑽璆鏘鳴兮琳琅。（東皇太一）

「璆」和「琳琅」都是美玉之名（註二三）。王註云：「鏘，佩聲也」。又云：「琳琅，聲也。謂帶劍佩玉衆多，糾錯而鳴，其聲琳琅也」。朱註則云：「璆，鏘，皆玉聲。……琳琅，美玉名，謂佩玉也」。王、朱兩說不僅互相抵牾，而且也都不可解。其實從語法學的立場來說，這個句子的語法結構是很簡單的。「璆」和「琳琅」都是名詞，「璆」是主語，而「琳琅」則作副詞用。至于「鏘鳴」，則爲本句的動詞。語序是：〔N＋V＋Adv〕。聞一多說得好：「『琳琅』猶玎璫，玉聲也。『鏘鳴』動詞，『琳琅』副詞，依近代語法，當云『琳琅而鏘鳴』，古代習慣却可倒置」（註二四）。古代漢語習慣固然可以倒置，但是現代漢語詩歌的語言中往往也用倒裝。拿本句來說，不論是按照古代漢語或是現代漢語的語法習慣，順言都是：「璆琳琅兮鏘鳴」——「美玉玎璫地響」。然則此話同樣可以顛倒來說，而且似乎要比順言說得更美、更有勁、更悅耳鏗鏘：「璆鏘鳴兮琳琅」——「美玉響玎璫」。其實，嚴格說來，本句不僅是倒言較順言為善，同時也是韻法上所必須的——為了要和「良」、「皇」、「芳」、「漿」、「倡」、「堂」、和「康」等字押韻的關係。

⑪蕙肴蒸兮蘭藉。（東皇太一）。

「蕙」是一種香草，又叫薰草，乃唇形科植物。洪、朱都以「肴」為「骨體」，其說不可解。王逸訓「肴」為「肉」是對的，但又說：「蕙肴，以蕙草蒸肉也」。則又和原有的「蒸」字意思重複。其實「肴」本是一種肉類的食物，字又作「殽」與「餚」。這裏當作「祭肉」講。所謂「蕙肴」，正如朱註所云：「以蕙裹肴」，也卽是一種以蕙草包裹的祭肉，猶如今日的「紙包雞」、「鹹肉粽」。但是聞一多却讀「肴蒸」連文，認為古人稱整個的「肘子」為「肴蒸」，字又作「殽烝」與「殽脀」。因而他說「蕙肴蒸」乃是「以蕙為肴蒸」（註二五）。聞氏的說法原是本自洪補所引國語。他另外又引了左傳、儀禮以為援。姜亮夫說：「此說初似有據，其實非也。……蓋禮有差等，全烝最貴，故以祀天地；房烝次之，以祭宗廟，享王公；而殽烝最質，故以享親戚；是祭不用殽烝也」（註二六）不但如此，祭原也不用齋食或素食的（註二七）。聞氏「以蕙為肴蒸」的說法，猶如現在素食中的「

齋雞」、「齋鴨」、「齋豬」、「齋叉燒」之屬，有把「蕙肴蒸」訓爲素食、齋菜之嫌。須知戰國時代佛教尚未傳入中國，荆楚南郢的人民絕無素食、齋菜的習尚或觀念。可見聞氏把「肴蒸」連讀之說不通。姜氏也說：「若以肴蒸連文，則當句無動字，似不可通。且與下『奠桂酒兮椒漿』爲平列句，句法全同，下句以奠爲動字，則肴蒸句宜亦有動字以明之。……余疑本蒸字，當爲薦字之譌，而又誤倒者也。本文當作『薦蕙肴兮蘭藉』，則當句文義可通，與古言薦肴例合，且與下奠桂酒句相列成文也（註二八）」姜氏疑「蒸」字爲「薦」之譌，雖未必然，因「蒸」字原有「進」、「薦」義在（註二九），但以「蕙肴蒸兮蘭藉」爲「蒸蕙肴兮蘭藉」之誤倒，且與下句「奠桂酒兮椒漿」相列成文，允爲灼見新知。雖然「誤倒」一義仍有可商，且無實據，誰又敢說此句原非作者「故倒」的呢？況且比較說來，「蕙肴蒸兮蘭藉」的句法，比起「蒸蕙肴兮蘭藉」，語氣、意境、節奏等都要勝過一籌。同理，「桂酒奠兮椒漿」的「語勢」畢竟也比「奠桂酒兮椒漿」來得「矯健」些。這麼說來，我們倒要疑心詩人何以不把「奠桂酒」句倒裝爲「桂酒奠」，而與上頭「蕙肴蒸」句對仗工整呢？

⑿君不行兮夷猶。（湘君）

王註云：「夷猶，猶豫也」。後漢書馬融傳註引此作「夷由」。（參見上文例⑶）

意思是猶豫不決的樣子。語法上當副詞。「不行」爲動詞。按照現代漢語語法習慣，副詞往往前置於動詞。是以順言當作「君猶夷兮不行」。但是爲了要强調湘君「不行」這層意思，詩人把他顛倒提前了。此外，又爲了押韻的關係，不得不再把「猶夷」一詞倒裝成「夷猶」。（參見上文）這是一種雙料的倒裝法。如用朱熹詩集傳與楚辭集註的術語，可說是：「倒而又倒也」了。

⒀沛吾乘兮桂舟。（湘君）

「沛」字王、朱俱訓爲「行貌」，不妥。洪補引孟子「如水之就下，沛然誰能禦之」爲訓。仍舊是語焉不詳。不如作「迅速地」講，比較順達些。且有修飾乘字的作用。它是個副詞，或助動詞。此句順言當作：「吾沛乘兮桂舟」——「我迅速地乘着桂木的小舟」。這裏詩人爲要强調「沛」的意思，所以把它倒置提前了。

⒁吹參差兮誰思。（湘君）

⒂君誰須兮雲之際？（少司命）

「誰思」與「誰須」（卽「誰待」）（註三〇），各家多略而不釋，卽釋也不詳。原因是不知這裏詩人所用的是倒裝法。聞一多說：「『誰思』卽思誰」，又說：「誰須猶待誰也」（註三一）。說法完全正確，雖然沒有指出其倒言的句法。

⒃攬大江兮揚靈。（湘君）

要了解這句詩的精義，非得把「揚靈」二字交代清楚不可。王註云：「靈，精義也。屈原思念楚國，願乘輕舟，上望江之遠浦，下附郢之碕，以渫憂患。橫渡大江，揚己精誠，冀能感悟懷王，使還已也」。這是王逸本他那一貫的「上陳事神之敬，下見己之寃結，託之以風諫」的立場（註三二），以說九歌的陳言而强爲的望文之訓，不足爲據。但是此說對後世的楚辭註家的影響，却又不淺。例如文選五臣註所云：「言我遠游此浦，將橫絕大江，揚其精誠於君側」。究不能跳出王說的牢囿。又如朱註云：「揚靈者，揚其光靈，猶言舒發意氣也」。則是以訛傳訛，重彈王逸的舊調（註三三）。不但如此，其餘音縈繞所及，雖明智如聞一多者，也為之迷惑（註三四）。陸侃如以「揚靈」為湘君在顯示他的靈異，和後世所謂「顯聖」大意相同云云。（註三五）都是因襲王逸的謬論，不可理解。王夫之說得好：「靈，當作䑖。揚，鼓枻而行，如飛揚也（註三六）」。後漢書杜篤傳「東橫乎大河」下註引楚辭曰：「橫大江兮揚舲」。「靈」作「舲」，雖則劉師培疑其「未知據何本」（註三七）。但卻可為王說作「䑖」之內證。劉永濟也說：「按作舲是。九章有『乘舲船余上沅兮』，此章多言舟中之飾，此言橫江揚䑖，於文為順。集韻：『䑖，或從令』。一切經音義十一引字書：『船上有屋者曰𦪈』。作靈者，後人以離騷有『皇剡剡其揚靈』之文，改此從彼也。舲、䑖，𦪈並文異義同」（註三八）。姜亮夫以「舲」為本字，「靈」為借字；而「𦪈即舲之或體，船上有窗者曰𦪈也」（註三九）。其實今本「靈」字，除劉永濟以為乃漢人涉離騷文妄改，姜氏說是「舲」字之借義而外，還有一個可能：「靈」可能是「䑖」字之敗文——「舟」旁毀損而「靈」旁存。總而言之，「橫江揚䑖」，不僅是「於文為順」，也是合情合理的。反之，若依王、朱等所云，什麼「精誠」「光靈」、「顯聖」等，跟橫渡大江是風馬牛不相及的。「揚靈」的奧義解決了之後，「橫大江兮揚靈」的精義也可迎刃而解了。文懷沙繙得好：「我駕着掛帆的扁舟，橫渡大江」（註四〇）。這是按照古今漢語習慣的順序而譯的。換句話說，這句詩順言當作：「揚靈兮橫大江」。然而，畢竟此語順言不如倒言為善，此外又爲了要跟「征」、「庭」、「旌」等押韻，詩人便巧妙地把它倒裝了。

⒄橫流涕兮潺湲。（湘君）

「橫流涕」乃是「涕橫流」的倒裝。順言是：「涕淚橫流」。「潺湲」王註云：「流貌。屈原感女嬃之言，外欲變節，而意不能改，內自悲傷，涕泣橫流也」。其實由王逸的註語也能反映出「橫流涕」之爲倒裝。「潺湲」訓「流貌」，意思是：「像流水一般」。在語法上的作用是副詞，它修飾「橫流」的動作。按照漢語語法的習慣，這句詩順序說來應當是：「涕潺湲兮橫流——眼淚像流水一般地橫流」。聞一多說得好：「全句猶言涕潺湲而橫流也」。可見這句是倒而又倒，一種雙重的倒裝。但是從兮字代釋法來說，這裏聞氏顯然犯了一個錯誤。因爲此句中的「兮」字，他用「之」字代寫，讀作：「橫流涕『之』潺湲」。他說：「『涕之潺湲』，即『潺湲之涕』。」無需强辯，「潺湲之涕」怎能是「涕潺湲而橫流」呢？分明以「之」字代「兮」是錯的，應該用「而」字來代「兮」才對。（註四一）

隱思君兮陫側。（湘君）

王註云：「君，謂懷王也。陫，陋也。言己雖見放棄，隱伏山野，猶從側陋之中思念君也」。雖然，此「君」乃湘君，而王逸訓爲「懷王」，諸家頗不以爲然（註四二）；又「陫」字訓「陋」，朱駿聲說文通訓定聲也斥爲：「失之」。但從「猶從側陋之中思念君也」云云看來，則王叔師話中已暗示出「隱思君兮陫側」一語句法的倒裝。聞一多也說得好：「隱悱惻而思君也」（註四三）。這裏「

陫側」訓「悱惻」，乃是演繹洪補「隱，痛也。孟子曰：『惻隱之心』」一說而來的。王夫之與陳本禮並都有言在先（註四四）。劉永濟也說：「悲字亦作悱，此陫側，卽悱惻之通假字」（註四五）。就造字法則而言，「悱」（從心非聲）與「悲」（從心非聲）同爲形聲字，劉說至確。則「悱惻」卽是「悲傷」的意思。在語法上的作用是副詞，修飾「思」的動作。按照漢語語法習慣，此句順言應作：「隱悱惻兮思君」——文懷沙繙得好：「我是悲痛地在思念着你」。這裏爲了要和「極」、「息」等字押韻，詩人便把它倒置句末了。

⒆紛吾乘兮玄雲。（大司命）

此句句法跟上例⒀「沛吾乘兮桂舟」相同。因而「紛吾乘」乃是「吾紛乘」的倒裝（註四六）。「紛」字在語法上扮演副詞的角色，有修飾動詞「乘」的作用。陸侃如說：「句首的紛是形容玄雲的茂密」（註四七）。是以「紛」爲形容詞，欠妥。按照漢語習慣，此句順言應該是：「吾紛乘兮玄雲」——「我紛紛地乘着烏雲」。詩人爲了要强調所乘烏雲的紛繁衆多這層意思，便把它顚倒提前了。

⒇孰離合兮可爲？（大司令）

「可」字朱註云：「一作何」。又云：「可上一有不字」。洪補也說：「一云：孰離合兮不可爲」。這些句子雖不知所據何本，但是朱熹認爲：「皆非是」。姜氏校註亦從之。諸家各本也多與朱註同。可見此句文字不成問題。但是句法用的是倒裝。順言當作：「孰可爲兮離合」？聞一多正說是應讀作：「其孰可自爲離合哉」？（註四八）文懷沙也繙得好：「誰能夠預先安排世間聚合離異的命運」？（

註四九）但是爲了要和上文「虧」字押韻，詩人不能不把「可爲」倒置於句末。

⑵姱女倡兮容與。（禮魂）

爲明瞭此句何以要倒裝的道理，必須先說明此篇的韻例。聞一多楚辭校補九歌禮魂「姱女倡兮容與」條下云：「案以韻例求之，此上似敓一句」。校補山鬼「君思我兮然疑作」條下又云：「案本篇例，於韻三字相叶者，於文當有四句。此處若柏作三字相叶，而文祇三句，當是此句上脫去一句。禮魂『姱女倡兮容與』上亦有脫句，例與此同。」此外「怎樣讀九歌」又一再註明此處有脫句。聞氏的說法，允爲卓見。無論是從楚辭的句法、或是韻律來說，「姱女倡兮容與」上脫去一句，都是合理的。因爲「鼓」、「舞」與「與」三字相叶（上古音同爲魚部），所以「於文當有四句」。

再說「容與」，洪補、朱註同引一本作「容冶」。姜註云：「容與雙聲聯綿字，其字形雖不定，而無作容冶者。且王註云：『進退容與』，則王本亦作與矣」。姜說既有理，而洪、朱二書所據也允稱善本。但是對於「容與」的意義，王、朱並譯爲「節度」、或「態度」，是形容舞姿的辭語，似嫌勉強。殊不知「倡」洪補謂「讀作唱」，俗字「倡」「唱」通用（註五〇）。而「容與」不是修飾「唱」的副詞。姜亮夫說得好：「容與，舒徐也。……此等美好之巫女、歌唱之聲，有舒徐頓挫之美」（註五一）。而此等歌聲，實與東皇太一的「緩節兮安歌」有異曲同工之妙。聞一多於此句也有高見。他說：「……古代習慣却可倒置。湘君『隱思君而悱惻』，卽『悱惻而思君』，禮魂『姱女唱而容與』，卽『容與而唱』，並與此同例」（註五二）。由此可見此句順言當作：「姱女容與倡兮」——「美女們舒緩地歌唱啊！」但是就詩歌的境界而言，順言反不如倒言「姱女倡兮容與」爲美，更何況又爲韻律所限，須得與「鼓」、「舞」、「古」等字押韻呢?!

四

綜上所述，我們可以肯定地說，楚辭的倒裝是非常豐富的。雖然本文僅對九歌十一首詩歌作了考察，其所得結果不能代表楚辭一書之全體，然而我們至少可以從本文窺見楚辭修辭技巧的一斑。從語法學的立場來說，九歌各詩所用的倒裝法，有屬於構詞法，也卽是詞組的倒裝，與屬於造句法，也卽是詞序（或語序）的倒裝兩類。再就倒裝的程度而言，則有一句之中僅是詞組結構秩序顚倒的「單式的倒裝」，以及一句之中旣有詞組的倒置，又有副詞與動詞位置的顚倒，或形容詞與名詞位置倒置的「複式的倒裝」兩類。我們從九歌十一首詩篇之中，還沒有能夠發現陳望道所謂「隨語倒裝」那類「只是語次或語氣上的倒裝」的辭例（註五三）。這一類的倒裝辭，從語法學的立場來說，實際是複句之間，或主句與輔句（或從句），或主語與謂語順序的位置顚倒。我們姑且把這一類的倒裝辭名爲「句序的倒裝」。造成這種語次上顚倒的原因，大概是「由於說話者的情緒激動，故乃衝口而出，急不擇言，而一說出來之後，立刻發覺到主語或謂語不完全，隨卽又加以補充而成句」（註五四）。九歌各詩之中沒有這一類的倒裝辭，其實也很正常，因爲現存九歌是經過屈原「頗爲更定其詞，去其泰甚」（註五五），給予藝術的加工、潤色了的書面語，和上述一類近於口語式的倒裝辭不同。

【註釋】

註一　漢書高帝紀載漢高祖好楚聲，且作有大風歌、鴻鵠歌等楚歌；又見朱熹楚辭後語第六、第七。

註二　漢書地理志云：「漢興，高祖王兄子濞於吳，招致天下之娛遊子弟；枚乘、鄒陽、嚴夫子之徒，興於文景之際。」又王逸楚辭章句，洪興祖楚辭補注，朱熹楚辭集註並載賈誼作惜誓、弔屈原賦與服賦三篇；嚴忌作哀時命一篇等。

註三　參閱拙作：「淮南王劉安所作離騷傳辯」一文。發表於新加坡星洲日報「文化版」，一九七四年十月卅日、十一月六日、十三日及廿日各期；或本書第一三九—一五四頁。又朱熹楚辭後語卷二還收了漢武帝所作的瓠子之歌、秋風辭和烏孫公主歌三篇。

註四　如王氏章句，朱子集註等所載淮南小山，作有招隱士卽是。還有不知名者不知尙有幾許。

註五　漢書朱買臣傳云：「朱買臣……家貧。好讀書，不治產業，常艾薪樵，賣以給食。……見買臣飢寒，呼飯飲之。……至長安……會邑子嚴助貴幸，薦買臣，召見。說春秋、言楚辭。帝甚說之。拜買臣爲中大夫，與嚴助俱幸侍中。」

註六　漢書王褒傳云：「宣帝時，修武帝故事，講論六藝羣書，博盡奇異之好，徵能爲楚辭，九江被公召見誦讀。」

註七　漢書藝文志云：「至成帝時，此書頗散亡，使謁者陳農，求遺書於天下。詔光祿大夫劉向，校經傳諸子詩賦。……每一書已，向則條其篇目，撮其指意，錄而奏之。」王逸章句離騷敘亦云：「逮至劉向，典校經書，分爲十六卷」；章句天問序又云：「昔屈原所作凡二十五篇。世相教傳，而莫能說天問。以其文義不次，又多奇怪之事。自太史公口論道之，多所不逮。至於劉向揚雄，援引傳記，以解說之，亦不能詳悉。」

註　八　楚辭章句離騷敘云：「孝章卽位，深弘道藝。而班固、賈逵，復以所見，改易前疑，各作離騷經章句。其餘十五卷，闕而不說。又以壯爲狀，義多乖異。事不要括。今臣復以所識所知，稽之舊章，合之經傳，作十六卷章句。雖未能究其微妙，然大指之趣，略可見矣。」後漢書王逸傳云：「王逸，字叔師，南郡宜城人也。元初中舉上計吏，爲校書郎。順帝時爲侍中，著楚辭章句行于世」。後漢書馬融傳又說馬融著有離騷註一篇。可惜除王逸的楚辭章句之外，其餘都已失傳。

註　九　選堂叢書之一，著者自印本，香港，一九五六年

註一〇　北京中隼書局出版，一九六一年。

註一一　參見游國恩楚辭概論第二八〇頁。

註一二　參見饒宗頤楚辭書錄、姜亮夫楚辭書目五種。

註一三　參見修辭學發凡序言第一——四頁，上海新文藝出版社，一九五五年。

註一四　參閱修辭學發凡第二一四——二一六頁。

註一五　見沈存中夢溪筆談：又見洪興祖楚辭補註九歌東皇太一「吉日兮辰良」下註引。
註一六　見「怎樣讀九歌」，神話與詩，又見聞一多全集。
註一七　「何爲」一詞洪興祖楚辭補注作「何食」。此據朱熹楚辭集註本。
註一八　見怎樣讀九歌。
註一九　見同上註。
註二〇　見同上。
註二一　見「怎樣讀九歌」。
註二二　例如郭沫若屈原賦今譯云：「高高興興，來敬東皇」。（第八頁）。文懷沙屈原九歌今譯云：「大家又虔誠又歡悅地祝告上蒼」。（第九頁）都是把「愉」字繙成副詞，或助動詞。
註二三　爾雅釋器云：「璆、琳，玉也」。又釋地云：「西北之美者，有崑崙虛之璆琳玕焉。郭註云：「璆、琳，美玉名。琅、玕，狀如珠也」。
註二四　見「怎樣讀九歌」。
註二五　見同上註。
註二六　見屈原賦校註第一九八——一九九頁。
註二七　說文云：「齋，戒絜也。从示，齊省聲」。可見齋之本意爲「戒」與「絜」。古人於祭祀之前，必先齋，齋必有所戒，故云齋戒。禮記曲禮云：「齋戒以告鬼神」。孟子離婁云：「齋戒沐浴，則可以禮上帝。」九歌雲中君云：「浴蘭湯兮沐芳，華采衣兮若英」。王註云：「言已將修饗祭以事雲神。乃使靈巫先浴蘭湯，沐香芷，衣五采華衣，飾以杜若之英，以自潔清也」。這是在祭祀之前如何清潔身體的最好記錄。禮記祭義云：「齋之日，思其居處，思其笑語，思其志意，思其所樂，思其所嗜。」又祭統云：「及其將齋也，防其邪物，訖其嗜欲，耳不聽樂，心不苟慮，手足不苟動」。這又是在祭祀之前如何潔淨心思志意的說明。總之，祭神齋戒都跟素食、齋食無關。其實「齋食」原是佛家語。「齋食」也叫「中食」，謂午前、午中之食。意思是，所謂「齋」並非指的食物，乃是就進食的時間而言。中午以前不食爲齋，午後進食就不是齋了。世人以素食爲齋，乃是大乘之別意，實與齋之本意無關。以小乘的戒律而言，祇禁過午食，而不禁食淨肉也。大乘義章云：「潔清故名爲齋」。過午不食，所以清潔身心，故名中食爲齋食也。

註二八　見屈原賦校註第一九九頁。

註二九　參見洪補與朱註。

註三〇　文選五臣註云：「須，待也」。

註三一　見「怎樣讀九歌」。

註三二　見楚辭章句九歌序。

註三三　朱註九歌序云：「而又因彼事神之心，以寄吾忠君愛國、眷戀不忘之意」。

註三四　聞氏云：「靈，光也。郊祀歌『揚金光，橫泰河。』」（「怎樣讀九歌」）
註三五　參見楚辭選（第五——六頁）
註三六　見楚辭通釋卷二。
註三七　參見楚辭考異卷二。
註三八　見屈賦通箋卷三頁七一。
註三九　見屈原賦校註第二一三——二一四頁。
註四〇　見屈原九歌今譯第一八頁。
註四一　參見「怎樣讀九歌」。
註四二　劉永濟屈賦通箋卷三頁七八「隱思君兮陫側」條下云：「按諸家皆謂君爲湘君，不用叔師懷王之說，是也」。
註四三　見「怎樣讀九歌」：又聞氏楚辭校補九歌云：「按陫側卽悱惻，蕭士贇李太白集註二三代寄情楚詞體註引正作悱惻。」
註四四　楚辭通釋卷二云：「陫側，與悱惻同」；屈辭精義卷五云：「陫側，猶悱惻」。又朱駿聲說文通訓定聲曰：「厞，隱也。从厂，非聲，字亦作陫，叚諸爲悲」。
註四五　見屈賦通箋卷三頁七一。
註四六　姜亮夫屈原賦校註云：「『紛吾乘』」，倒句『吾紛乘』也。

註四七　見楚辭選第一〇——一一頁。

註四八　見「怎樣讀九歌」。

註四九　見屈原九歌今譯第三八頁。

註五〇　參見姜註第二六八頁。

註五一　見同上註。

註五二　見「怎樣讀九歌」。

註五三　參見修辭學發凡第二一四——二一五頁。

註五四　參見高中語文法則修辭學，馬來亞文化事業有限公司，一九六七年，第一四五——一四七頁。

註五五　見朱熹楚辭集註九歌序。

肆、楚辭「予」字研究

一、緒　論

楚辭九歌大司命云：「紛總總兮九州，何壽夭兮在予？」這話自東漢王逸以來的楚辭註家，大多把它說成是大司命之神的自述自問之詞。（註一）卽是把句末的「予」字當作是大司命的自稱，是第一身人稱代名詞，相當於「余、我」等字。這種說法似是而非。主要的理由是跟大司命這首詩的主旨不符，也可說是跟大司命之神的職司相乖違。因爲在傳統上，一般都認爲大司命之神的職責旣然是主宰天下萬民的壽命，（註二）那麼祂爲何又帶着詰問的口氣說：「何以壽夭之權在我」呢？（註三）這是我們百思不得其解的。朱熹作楚辭集註時雖然全採王逸章句、洪興祖補註二家的舊說，但是後來在楚辭辯證上也不得不起疑心。他說：「何壽夭兮在予？舊說人之壽夭皆在自取，何在於我己？失文意。或又以爲喻人主當制生殺之柄，尤無意謂」。郭沫若、陸侃如等也有鑑及此，因而設法把這話繙成肯定的語氣：九州人民的壽命，都掌握在我司命的手中。（註四）無奈詩歌原文畢竟是疑問之詞，郭、陸等這樣講法未免違背原作者的本意。郭沫若的大弟子文懷沙就大不以其師爲然。爲尊重原作者的本意起見，他仍然把這話繹爲疑問的語氣：「多麼廣袤多釆的世界啊，爲甚麼你有權操縱人們的壽命」？雖然如此，文懷沙的繹法，仍是吃力不討好；更糟的是，這麼一來結果却弄巧反拙：他居然强詞奪理地把「予」繙成「你」，强使第一身代詞爲第二身。周汝昌說的好：「這個事實最可注意，因爲這說明文先生也認爲這樣突兀的『身』的轉移情形是罕見的、難解的、無法調協的，因此他才不能不把『予』繹成『你』；這也就說明：『予』是『我』的講法在這裏是通不下去的，是無法成立的」。（註五）其實，對於處理楚辭裏這個「予」字的問題之難處，南宋朱熹已感嘆在先，他在楚辭辯證上說：「九歌諸篇，賓主彼我之詞最爲難辨，舊說往往亂之，故文意多不屬」。朱子這話雖是特指九歌而言，實則可以概括楚辭之一般。近代學者如浦江清、郭沫若，乃至於文氏本人等，也都頗有同感。不過，他們有一個與傳統說法迥異的共同見解。那卽是：楚辭裏某些個「予」字，不能作「我」講。（註六）如上述九歌大司命裏的那個「予」字，就是一個最好的例子。若必拘泥舊說，把它當「余、我」義講的話，無論如何是講不通的。不但如此，由於這個「予」字的眞諦把握失措，致使後世學者對這幾句話的「人身」問題，（註七）模糊不清，無所適從。（註八）可見要解決這幾句話裏的「人身」問題，非得把這個「予」字的眞諦認識清楚不可。在這裏，我們很感謝周汝昌給予我們的啟示。他說：「予在這裏可能祇是一個聲音，而沒有實義」。他接着把「何壽夭兮在予？」這一句詩繙成：「爲甚麼其中又有着壽夭的區分？」這麼一來，一切的疑難：如大司命這首詩的主旨問題，有關大司命之神的職司問題，以及這幾句話的「人身」——四句都是主祭者之詞的問題等，都能迎刃而解了。

不過，周汝昌並沒有提出「予」字在這裏何以只是一個聲音，而沒有實義的理由與證據。雖然，他這話帶着「可能」的語氣，說甚麼只是個人的一點「揣測」，一個「假想」，但是在總結的時候，他却頗爲堅決地說：「總之，『予』決不是『我』，它只是爲了音節的數目，加上去的語辭，沒有甚大的實義可講」。（註九）這種說法，若只是針對某個特殊的「予」字而發，是無可厚非的。但看周氏的出發點明係概指楚辭中的「予」，那就未免過於武斷了。而且這種理論又跟傳統把「予」字當作「余我」解的舊說，形成兩個極端，都不很妥恰。本文從版本學、校讎學、統計學、語法學與古文字學的立場，遍求例證，有系統地、全面地整理楚辭裏這個「予」字及其有關的問題。結果發現舊說與新解，固然都有一得之見，無奈立論過於偏激，往往流爲武斷；附會與牽强。換句話說，楚辭裏的「予」字，固然有如其他載籍一樣，用作第一身人稱代名詞「余、我」的例子；有用作「給予」、「賜予」的例子；也有用作有聲無義的語氣詞，卽虛字的例子。不過，用作虛字的時候實際是個誤字，卽是由「乎」「兮」、「亐」（于）、或「干」等字的形誤而來。那是「乎」、「兮」、「亐」、「干」等字與「予」字的形近易誤之故。而「予」字本身並沒有用作虛字的例子。其他的載籍也沒有例外。

二、「予」字的出現跟楚辭的版本

「予」字甲骨文僅一見。（註一〇）字作「」。截至目前爲止，在所有傳世與出土的知、見金文裏，都尚未發現「予」字。至少容庚的金文編裏沒有。當然，這並不足以說明「予」字在周朝已停

止使用。相反地，在先秦的文獻裏，常常出現「予」字。（註一一）再者，古來名字叫「予」的人也不少。（註一二）不過一直到漢朝為止，其字形都不離古體，如說文卽作「[illegible]」。其後才隸變為今體。但是不論如何，「予」字出現於楚辭，可以無庸置疑。

也許有人以為「余予古今字」，古書作「余」或「予」都只是任意為之，沒有甚麼特別的用意。（註一三）例如戴震的屈原賦注一書，把原本的「余」字，都亂作「予」。（註一四）然而這些「予」字，日本京都帝國大學影舊鈔本文選集注殘卷（以下簡稱「唐寫本文選」）、六臣注文選、文選胡刻本，王逸楚辭章句明嘉靖間吳郡黃省曾校刋本（以下簡稱「黃省曾本」）、明隆慶辛未五年豫章夫容館刋本（以下簡稱「夫容館本」）、明萬曆間朱燮元等校刋本（以下簡稱「朱燮元本」）、明萬曆十四年武林馮紹祖刋本（台北藝文印書館影印之，以下簡稱「馮紹祖本」）、明萬曆十四年金陵俞初本」）洪興祖楚辭補注惜蔭軒叢書本（藝文印書館影印之，以下簡稱「惜蔭軒本」）、四部叢刋本，朱熹楚辭集註一九五三年北京人民文學出版社影印南宋理宗端平二年朱鑑刋本（藝文印書館亦影印之，以下簡稱「朱鑑本」）、光緒三年湖北崇文書局三十三叢書本（以下簡稱「朱注卅三叢書本」）、黎庶昌古逸叢書之九覆元本楚辭集注（以下簡稱「朱注古逸本」），錢杲之離騷集傳知不足齋叢書本，光緒三年湖北崇文書局三十三叢書本（以下簡稱「集傳卅三叢書本」）、光緒三十年南陵徐氏隨庵叢書影印宋本（以下簡稱「隨庵叢書本」）、王夫之楚辭通釋船山遺書本（又一九五九年北京中華書局刋行本）。林雲銘楚辭燈日本刋行本（又台北廣文書局影印本）、蔣驥山帶閣注楚辭康熙五十二年癸巳山帶閣初刊本（又廣文書局影印本），李光地離騷經九歌注榕村全書本，方苞離騷正義抗希堂十六種全書本，陳本禮屈辭精義陳氏叢書瓠寶四種本（又廣文書局影印本），馬其昶屈賦微集虛草堂叢書本（又廣文書局影印本），劉永濟屈賦通箋附箋屈餘義一九六一年北京人民文學出版印行本，聞一多楚辭校補聞一多全集本、聞一多離騷解詁（仝上）等，全部作「余」字，沒有例外的。又如離騷「倚閶闔而望予」之「予」，敦煌唐寫本隋僧道騫楚辭音殘卷（以下簡稱「騫音」）正作「予」；此字除錢杲之離騷集傳（知不足齋本、卅三叢書本、隨庵叢書本）作「余」之外，以上所引各書也全都作「予」。周汝昌說得好：「好的楚辭本子，『余』、『予』字絲毫不亂，分得很清楚，翻一下的結果，就有個印象，爲甚麼某處用『余』？某處用『予』呢？似非無故」。這話很有道理，楚辭裏某處用「余」或「予」，是有特殊意義的。（詳見下文）。可是周氏接着又說：「進一步的印象是：『余』在句頭句中多，在句尾的極少。而『予』則多在句尾，在句中的只有二例」。（註一五）楚辭裏的「予」字，用在句尾的固然很多，但是用在句中的，却也不少，總共有十例之多，並不「只有二例」。這是以偏概全，沒有全面地遍搜例證的錯誤。要進一步地認識「予」字的作用，我們有必要全面及系統地研究楚辭「予」字的句法。

三、楚辭「予」字的句法

根據惜蔭軒叢書本王逸楚辭章句、洪興祖楚辭補注，朱鑑本朱熹楚辭集注所載，以及竹治貞夫楚辭索引所收，楚辭一書裏的「予」字，總共出現了二十一次。如下：

(1)申申其詈予。（離騷）
(2)夫何煢獨而不予聽。（離騷）
(3)倚閶闔而望予。（離騷）
(4)詔西皇使涉予。（離騷）
(5)目眇眇兮愁予。（九歌：湘夫人）
(6)聞佳人兮召予。（九歌：湘夫人）
(7)何壽夭兮在予。（九歌：大司命）
(8)芳菲菲兮襲予。（九歌：少司命）
(9)魚隣隣兮媵予。（九歌：河伯）
(10)子慕予兮善窈窕。（九歌：山鬼）
(11)歲既晏兮孰華予。（九歌：山鬼）
(12)何試上自予。（天問）
(13)排閶闔而望予。（遠遊）
(14)汝筮予之。（招魂）
(15)若必筮予之。（招魂）

⒃苦衆人之妬予兮。（七諫：沈江）

⒄惜予年之未央。（七諫：自悲）

⒅恨離予之故鄉。（七諫：自悲）

⒆借浮雲以送予兮。（七諫：自悲）

⒇夫何予生之不遘時。（哀時命）

㉑曷其不舒予情。（九歎：逢紛）

以上所舉例句，較周汝昌的多出一倍。大抵可以代表楚辭裏「予」字用法的所有現象。雖然偶而有些原本是「余」字的地方，有的本子作「予」。例如離騷：「初既與余成言兮」，錢杲之離騷集傳知不足齋本與卅三叢書本「余」字並作「予」，然而隨庵叢書本則仍作「余」。像這種特殊、局部的現象，實際並不太多，也沒有代表性，我們只能當作例外看待。本文並不採納。至如上述戴震屈原賦注裏「余」和「予」那種混亂的情形，實在是一個很有趣的問題，值得研究。因爲戴氏精通文字、聲韵、訓詁，不致像周汝昌所說那末要不得。然而，相反地，我們所列舉的這二十一個例句，從版本學的立場來說，全都是相當可靠的。詳見拙作：「楚辭『予』字校理」一文。載「楚辭考校」第一〇三—一三九頁。

就以上所舉各例而論，楚辭「予」字的用法只有句中和句尾二式。沒有用在句首的。這點和「余」字的用法大爲不同。跟周汝昌的說法相反，「予」字用在句中和句尾的現象同樣地普遍。在所有廿一個「予」字之中，用在句中的佔了十次，用在句末的有十一次。兩種句式可說是在伯仲之間。不過，一般說來，用在句中的「予」字變化比較大。例如：

( )句中式

有用於第二字者：

⒄惜予年之未央。（七諫：自悲）

有用於第三字者：

⑽子慕予兮善窈窕。（九歌：山鬼）

⒁汝筮予之。（招魂）

⒅恨離予之故鄉。（七諫：自悲）

⒇夫何予生之不遘時。（哀時命）

有用於第四字者：

⒂若必筮予之。（招魂）

有用於第五字者：

㉑曷其不舒予情。（九歎：逢紛）

有用於第六字者：

⒃苦衆人之妬予兮。（七諫：沈江）

⒆借浮雲以送予兮。（七諫：自悲）

有用於第七字者：

⑵夫何煢獨而不予△聽。（離騷）

㈡句末式：

此式句法比較單純，不論是多少字數的句子（由四字至八字），「予」字都是出現在句尾

例如：

⑴申申其詈予△。（離騷）

⑶倚閶闔而望予△。（離騷）

⑷詔西皇使涉予△。（離騷）

⑸目眇眇兮愁予△。（九歌：湘夫人）

⑹聞佳人兮召予△。（九歌：湘夫人）

⑺何壽夭兮在予△。（九歌：大司命）

⑻芳菲菲兮襲予△。（九歌：少司命）

⑼魚鱗鱗兮媵予△。（九歌：河伯）

⑾歲既晏兮孰華予△。（九歌：山鬼）

⑿何試上自予△。（天問）

⒀排閶闔而望予△。（遠遊）

周汝昌說「予」字多用在句尾，而「余」字用在句尾的則很少。劉秋潮也說：「予字可放在一個句子的末尾，余吾朕等字，則絕無此例。此『予』字在離騷中所獨具之特色，與余吾朕等字之所以不同者也」。（見「論離騷中朕吾余予等字的用法」一文。載於大陸雜誌第十一卷第十一期）。這話單就離騷而論，大體都不錯。但是楚辭裏用在句尾的「余」字也有三例：

陰憂兮感余。（九懷：通路）

蟲豸兮夾余。（九思：怨上）

鴝鵒鳴兮聒余。（九思：疾世）

周氏又說從他所舉的十個例子看來，「都好像先有一個『及物動詞』，後接一個作『我』解的『受事詞』，這也就是一向的很自然的看法」。我們認為楚辭裏這種語法的現象是個客觀存在的事實，不僅是「一向的很自然的看法」而已。楚辭裏確實有（並不是「都好像有」）一種帶「賓詞」（Objects）的「及物動詞」（Transitive verbs）的語詞結構，一如「動賓結構」的語法現象。不過在周氏所舉的十個例子之中，有三個動詞似乎不能當作是「及物動詞」看待。它們是一種帶描寫性的，不及物的"Stative verb"。例如：

目眇眇兮愁予，（九歌：湘夫人）

何壽夭兮在予。（九歌：大司命）

歲既晏兮孰華予？（九歌：山鬼）

話說回來，這種「及物動詞」帶「賓詞」或「受事詞」的句法是楚辭裏一種極普遍的語法現象。例如下列的〔—余〕式的句子都是：

⑴肇錫余以嘉名。（離騷）

⑵名余曰正則兮。（離騷）

⑶字余曰靈均。（離騷）

⑷覽余初其猶未悔。（離騷）

⑸捐余玦兮江中。（九歌：湘夫人）

⑹操余弧兮反淪降。（九歌：東君）

⑺覽余以其脩姱。（九章：抽思）

⑻迎余兮歡欣。（九懷：尊嘉）

⑼修余兮袿衣。（九懷：蓄英）

⑽羨余術兮可夷。（九懷：陶壅）

⑾云余肇祖于高陽兮。（九歎：逢紛）

⑿思余俗之流風兮。（九歎：憂苦）

⒀念余邦之橫陷兮。（九歎：思古）

⒁蟲豸兮夾余。（九思：怨上）

⒂鴝鵒鳴兮聒余。（九思：疾世）
⒃邪氣襲余之形體兮。（哀時命）
以上「及物動詞」帶「受事詞」的「—余」式的句法，跟下列同樣語法結構的「—予」式的句子正可互相比較：
⑴申申其詈予。（離騷）
⑵夫何煢獨而不予聽。（離騷）
⑶倚閶闔而望予。（離騷）
⑷詔西皇使涉予。（離騷）
⑹聞佳人兮召予。（九歌：湘夫人）
⑻芳菲菲兮襲予。（九歌：少司命）
⑼魚鱗鱗兮媵予。（九歌：河伯）
⑽子慕予兮善窈窕。（九歌：山鬼）
⒀排閶闔而望予。（遠遊）
⒃苦衆人之妬予兮。（七諫：沈江）
⒆借浮雲以送予兮。（七諫：自悲）
這兩種「—余」式與「—予」式句子的語法結構可說是完全相同。不但如此，有些甚至連語意也相同。

例如⑴中的「詈予」傳統說是「罵我」，跟⒂中的「聒余」——「吵我」，句法與詞意都甚近似。⑻中的「襲予」和⒃中的「襲余」，說的都是氣味「侵我」。所不同者，前者是香氣，後者是邪氣吧了。又如⑼中的「媵予」，⒆中的「送予」，跟⑻中的「迎余」，說的都是「迎我」、「送我」。還有⑽中的「慕予」和⑽中的「羡余」，同樣都是說：「羡慕我」。所不同者，前者是羡慕我的姿色，後者則是羡慕我的道藝。由此可見楚辭里這些〔—余〕和〔—予〕式的句子，無論語法結構或是語意都是一樣的。換句話說：〔—余〕即是〔—予〕，也卽是「我」，「予」是第一身人稱代名詞「余、我」的意思。至於周汝昌的疑慮：「為甚麼這裏句中都用『余』而上十例句尾却單單都用『予』呢？」這也是無謂的多心。須知行文措詞之間，此處用「余」，彼處用「予」，意思相同，只是為了「改字避複」的原故。何況「余」字並非都不可用在句尾？（參見上文）。

此外，倘若我們進一步去研究、分析「予」字的句法、詞法，或者是詞性的話，我們將發現到，楚辭裏的「予」字絕大多數都得遵照傳統的說法，當第一身人稱代名詞「余、我」講，少數當「給予」、「賜予」、「推予」講，而沒有當有聲無義的虛字講的。若有，如周汝昌所指出的某些個「予」字，原本不應該是「予」字，而是「予」字以外的一個虛字的形誤。我懷疑是「兮」或「乎」或「于」等字之誤。因「予」、「兮」、「乎」、「于」等字字形相近易誤的關係。（詳見下文）

就「予」字的詞性而論，它在楚辭裏用作「所有格」或「領有格」（Possessive case）的例子相當多。周汝昌說「予」字從未當作「領有格」用過一次的話，簡直是瞎說。周法高說：「『余』

『予』後可加『之』字表領位。……欒黶謂士匄曰：『……是而子殺予之弟也。』（左傳襄十四）……『……又惡人之有余之功也。』（左傳昭三十）『漫假而化予之左臂以爲鷄，予因以求時夜。』』（莊子大宗師）。……『衆女嫉予之娥眉兮，謠諑謂余以善淫。』（楚辭離騷）。」（見中國古代語法稱代編第51頁。華按：離騷「衆女嫉予之娥眉兮」之「予之」，各本多作「余之」。）周先生的話說得很對。其實楚辭原本就有這種「余」、「予」之後加「之」字表領位的用法。例如七諫：自悲云：「恨離予之故鄉」，跟惜誓的「不如反余之故鄉」，幾乎是兩相呼應，而「予之」與「余之」的所有性是不容置疑的。他如⒄七諫：自悲：「惜予年之未央」中之「予年」，⒇哀時命：「夫何予生之不遘時」中之「予生」，以及㉑九歎：逢紛：「曷其不舒予情」中之「予情」等，這些「予」字顯然也都屬於所有格，而且還可以和它的同義異形字「余」的用法相對比呢。例如下列各句中的「余年」、「余壽」卽是：

惜余年老而日衰兮。（惜誓）

恐余壽之弗將。（九辯）

哀余壽之弗將。（哀時命）

又下列各句中的「余生」：

悼余生之不時兮。（九辯）

余生終無所依。（七諫：怨世）

哀余生之不常兮。（九歎：愍命）

悲余生之無歡兮。（九歎：思古）

以及下列各句中的「余情」、「余性」：

苟余情信姱以練要兮。（離騷）

苟余情其信芳。（離騷）

悲余性之不可改兮。（九歎：遠遊）

這些「余年」、「余生」與「余情」，顯然就是「予年」、「予生」與「余情」的一種「改字避複」的修辭法。而這些「余」與「予」字只能是「我的」的意思，不可能有別的意義，更不會像周汝昌所說的，「可能衹是一個聲音，而沒有實義」。

四、楚辭「予」字的虛字用法試探

「予」字作爲有聲無義的虛字用法，即是字書裏所載「予」字的「給」與「我」這兩個意義以外的第三義，傳世見、知的文獻裏還沒有實例。這也可由王引之的經傳釋詞、劉淇的助字辯略、楊樹達的高等國文法與詞詮，以及呂淑湘的文言虛字等書裏都沒有收這個字的事實得到證明。不過，裴學海的古書虛字集釋裏却收了兩個用法與「與」字相當的「予」字的例句。其一爲：「『與』猶『而』也」條下云：「字或作『予』」，並引詩經衞風河廣：「跂予望之」爲例；其二爲：「『與』『舉』也」

條下云：「字或作予」，並引詩經齊風鷄鳴：「會且歸矣，無庶予子憎」爲例。其實這兩個「予」字是否能作「與」、「而」，或「舉」的意思講，都還有問題。

先談衞風河廣中的「予」。其詩首章云：「誰謂宋遠，跂予望之。」鄭箋云：「予，我也。誰謂宋國遠與？我跂足則可以望見之。」孔疏云：「言跂足可見，是喻近也」。可見鄭玄和孔穎達都沒有把「予」字當作「與」或「而」講。朱熹詩集傳云：「誰謂宋國遠乎？但一跂足而望，則可以見矣」。乍看之下，一般人很可能以爲朱子是把「予」字講成「而」的。實則不然。這個「而」字和以下的「則可以見矣」，都是朱熹「增字以釋義」的一種訓詁手法。正如上文鄭箋「我跂足則可以望見之」一語中的「則」字，不能等於「予」字一樣。至於裴學海所引大戴禮勸學篇「吾嘗跂而望之」一語，（註十六）與河廣「跂予望之」是同樣結構、意義的一句話的兩種不同的說法。試看下表便可一目了然：

S	V	O	
吾	嘗跂而望	之。	（大戴禮勸學篇）
予	跂予望	之。	（詩經衞風河廣）

（倒裝）

從語法學的立場來說，這兩句話的語法結構主要相同，語意大致也相同，甚至連所用的字眼也大都相同，主詞一是「吾」，另一是「予」。「吾」是用在〔主∥動〕結構的正常位置；而「予」則是這種結構的倒裝用法。這種倒裝用法在先秦的文獻中很常見。楚辭各篇章之中尤多。〔註十六A〕兩句的動詞同樣是「跂」與「望」。上句在兩個動詞之間用一個連詞「而」加以聯系；下句則省略了。又如上句的副詞「嘗」，下句也省略了。代詞「之」作爲動詞「望」的賓語，兩句完全相同。在這種情形之下，下句的主詞「予」，怎能像裴學海一樣，把它解釋爲（或等同於）上句的連詞「而」呢？可見「予」是個人稱代名詞，不是個虛字。

再說齊風鷄鳴中的「予」。其詩三章云：「蟲飛薨薨，甘與子同夢；會且歸矣，無庶予子憎」。鄭箋云：「庶，衆也；蟲飛薨薨，所以當起者，卿大夫朝者且罷歸故也。無使衆臣以我故憎惡於子。戒之也」。孔疏云：「上言欲君早起，此又述其欲君早起之意。夫人告君云：『東方欲明，蟲飛薨薨之時，我甘樂與君臥而同夢。心非願欲早起也。所以必欲令君早起朝者，以卿大夫會聚我君之朝，且欲得早罷歸矣。無使衆臣以我之故，於子之身加憎惡也』。子謂君也。君若與我同臥，不早聽朝，則事不連迄，罷朝必晚，衆臣憎君，是由我故。故欲令君早起，無使見惡於夫人」。朱熹詩集傳云：「言當此時，我豈不樂於與子同寢而夢哉。然群臣之會於朝者，候君不出，將散而歸矣。無乃以我之故而并以子爲憎乎」？可見鄭、孔、和朱三家都以「予」爲我，沒有把「予」當虛字「與」或「擧」講的。裴學海所以把它當作虛字「與」，主要是根據釋文云：「定本『予』作『與』。」其實定本的錯誤，孔穎達毛詩正義早經指出。他說：「今定本作『與子憎』，據鄭云我。我是予之訓。則作與者非也」。再者，裴學海在古書虛字集釋『與』『舉』也」條下所引楚辭七諫篇「與世皆然兮」句中的「與」字，恐怕是根據洪補「舉、一作與」的本子而來的。按王逸楚辭章句明萬曆十四年丙戌馮紹祖觀妙齋刋行本，洪興祖補注上海涵芳樓借江南圖書館藏明繙宋版影印本（卽四部叢刋本），惜蔭軒叢書所收汲古閣本等七諫：初放此語俱作：「舉世皆然兮，余將誰告」？似此，則彼一作「與」之本可能是書手或刻工把「舉」字所從的「手」脫漏了所致。此外，王逸註：「舉、與也」三字也是原本所無，乃是後人因另一作「與」之本妄加的。而聞一多楚辭校補「正文舉當作與，注『舉、與也』當作『與、舉也』。惟正文作『與』用借字，故注以正字『舉』釋之」的狡辯，實際是矯枉過正、委曲求全而究不全之論。理由如下：

第一、今本作：「舉世皆然兮，余將誰告？」文從字順，詞義明晰。正如王逸所云：「妄舉當世之人，皆行佞僞，當何所告我忠信之情也？」反觀另一本作：「與世皆然兮，余將誰告？」則情理、詞意俱不通。若照聞一多所說：正文作「與」是用借字，所以注文才用正字「舉」來注釋它的話，那麼何以注文所注的仍是正字「舉、與也」、而不是注的借字「與」呢？其實這兩句話之間根本沒有用「與」字的必要；也更沒有借字的必要。楚辭裏「舉」跟「與」兩個字的用法分別得很清楚，沒有一次用過借義（卽通假義）的。何況聞氏本人也認爲「舉」是正字，「與」是借字呢！

第二，楚辭裏「舉世」跟「與世」二詞的用法分明不亂。例如

舉世皆濁我獨清。（漁父）〔註十七〕　　而能與世推移。（漁父）

舉世皆然兮。（七諫初放）

與前世而皆然兮。（九章涉江）

舉世以爲恒俗兮。（哀時命）

世並舉而好朋兮。（哀時命）

世並舉而好朋兮。（離騷）

七諫初放「舉世」王逸以爲是「舉當世之人」，已如上述。哀時命「舉世以爲恒俗兮」王逸也說是「言舉世不識賢愚以爲常俗」。又「世並舉而好朋兮」，王逸仍說是「言今世之人皆好朋黨，並相荐舉」。同樣，在離騷經章句王逸還是說：「言世俗之人皆行佞僞，相與朋黨，並相荐舉」。反觀漁父「而與世推移」，王逸則說：「隨俗方圓」。九章涉江「伍子逢殃兮，比干菹醢；與前世而皆然兮」，王逸云：「謂行忠直而遇患害，如比干子胥者多也」。比較來說：「舉」帶有「全……都……」的意思，而「與」則作「和……若……」義講。詞意分別得相當清楚，不容混淆。「舉世皆然」斷不能作「與世皆然」。雖然，阮廷卓「離騷新詁」一文中「世並舉而好朋兮，夫何煢獨而不予聽」條下云：

舉當讀爲與，說文舉字從手，與聲，故字得相通。周官地官師氏：『王舉則從』。鄭注：『故書舉爲與』。史記呂后記『蒼天舉直』。徐廣云：『舉、一作與』。卽其證。……漢書 寛饒傳『職在司察，直道而行，多仇少與』。注：『與，黨與也』。……上文『衆皆競進以貪婪兮』，王注：『競，並也』。是二字義近。……此謂世人競黨而好朋，汝於何孤煢特獨而不予聽，其不合也必矣。」（見大陸雜誌第十九卷第四期）這話固然也言之成理。然而九諫初放「舉世皆然」縱使果作「與世皆然」，「

與」字也不能作「黨與」講。既不能作「黨與」講，東方朔七諫也就無需用「舉」之借字「與」了。

第三、聞一多「楚辭校補」云：「若正文本作『舉』，則字義已明，無煩訓釋，更無以借字『與』轉釋正字『舉』之理。」案毛病就出在這裏。原因正如上文所說：後人用另一作「與」之本而妄加「舉，與也」這三個字。而妄加的技巧又不夠高明，不作「與，舉」，而偏偏作「舉，與也」，便就露出了馬脚。然則馬脚還不止此一只呢，下文「舉當世之人」也忘記改作「與當世之人」，才算天衣無縫，百無一失，這就難怪聞一多要爲這一位「以一本改王本正文，又乙注文『與舉』二字以就之」的「後人」大大地嘆惜道：「其下文『舉當世之人』仍出『舉』字，則又改而未盡改者也」了！

綜觀以上所論，足證「舉」是「舉」，「與」是「與」，楚辭裏的「舉」並不等於「與」。裴學海古書虛字集釋「與、舉也」的說法固然不錯，但不能引楚辭七諫初放「舉世皆然」以爲例證。這樣，我們就可以得到一個結論：「予」不是「與」，不是「而」，也不是「舉」。總之，不是一個虛字。

「予」字既然不是一個虛字，那就不可能「祇是一個聲音，而沒有實義」（周汝昌語）了。

說文云：「予、推予也。象相予之形」。段注云：「象以手推物付之」。這是「予」字的本義。由這推付的本義，引申爲「賜予」、「給予」之義。如爾雅釋詁所謂：「予，賜也」，即是。段玉裁稱之爲：「予與古今字」。朱駿聲說文通訓定聲說是「予，假借爲與」。此外，廣韵、正字通、廣雅釋詁、一切經音義三引三倉解詁等，都以爲「予猶與也」。

「予」又假借爲「我」。爾雅釋詁云：「予、我也」。朱駿聲說文通訓定聲云：「予、假借爲余」。是個第一身人稱代名詞。段玉裁說文解字注「余」字下注云：「詩、書予不用余，左傳用余不用予。曲禮下篇朝諸侯分職授政任功曰：予一人」。周法高先生中國古代語法稱代編也說：書經、詩經、論語、孟子和莊子等書多用「予」字。〔註十八〕高名凱「漢語的人稱代名詞」（燕京學報第三十期，第6頁；又見漢語語法論第298頁）說：「在最古的書籍中，只有『予』字，並沒有當作代名詞用的『余』字，除了左傳和國語以外。『余』之當作第一身代名詞用者，其實就是『予』字。後因其音相同，就拿來代替『予』，」高氏忽視甲、金文存在的錯誤，周法高先生經已指出。其實剛剛相反，上文也曾提及，在所有傳世的甲、金文之中，「余」字出現的次數比「予」字要來得多多。〔註十九〕這也許可以證明，「余」字由「語之舒也」（見說文）的本義，引申爲「我」一義，要比「予」字由「推予」的本義假借爲「余、我」一義來得早些。總之，無論如何，「予」字始終只有「賜給」與「余我」二義，沒有第三義。那末，讓我們看看下列各句中的「予」字，該作怎樣解釋：

(5)目眇眇兮愁予△。（九歌：湘夫人）

(7)何壽夭兮在予△？（九歌：大司命）

(11)歲既晏兮孰華予△？（九歌：山鬼）

(12)何試上自予△？（天問）

先談九歌湘夫人「目眇眇兮愁予」句。自洪補、朱注等舊說至文懷沙、A. Waley和David Hawkes等新解，都以爲「眇眇」是好貌，「予」是主祭者自稱之詞：「我」。「言望之不見，使我愁也」。

（洪、朱）。這話充滿著矛盾：既說帝子（也卽是湘夫人）的眼睛很美妙，又說看不見她使我發愁。試問看不見她怎知她的眼睛美妙？又怎樣能使我發愁？何況上句明明已說：「帝子巳降臨了北渚」呢？姜亮夫說得好：「予余古通用，然此處不得通借。……予、諸家以爲吾之借字，實不辭。」〔註二十〕接著姜氏雖然把「予」字說成「忬」之借字，猶有可商（詳見下文），但是認爲「予余此處不得通借」，確是灼見。周汝昌也說得好：「依我看，整個『湘夫人』第一段皆是描寫湘夫人的話，怎麼該剛一出『帝子』，隨卽來個『予』跟著打攪呢？這個『予』我越看越不像是個『我』！」〔註廿一〕周汝昌這話不是沒有道理的。雖然文懷沙再版他的屈原九歌今繹一書時，仍然不願意接受，只是把周氏的文章附錄在書後而已，但是畢竟也不得不承認：「其（周氏）關於『予』字的用法，（華案：當是「說法」之誤）當貼近屈賦。援引爲例，亦無不宜。因此，我認爲提供給對於『九歌』人稱代名詞有興趣的朋友們參考，是很有意義的」。〔註廿二〕對於九歌湘夫人「目眇眇兮愁予」這一句的處理，郭沫若總算是用盡了心力，以巧妙的偸天換日的手法，把這個極有問題的「予」字撇開了。他譯道：「望眼將穿，繞著愁腸」。〔註廿三〕大體說來，這是很接近於原文的本意了。但是對「予」字却沒有交待清楚。周汝昌說：「『予』在這里可能祇是一個聲音，而沒有實義」。雖然是一種頗爲妥恰的解釋，可是問題在「予」字本身沒有作爲有聲無義的虛字用法這一義。同時，載籍裏也沒有作虛字用法之實例。

至於九歌大司命「何壽夭兮在予？」這一句裏的「予」字問題，在上文「緖論」經已討論得極爲詳盡，這裏不必重複。對這個「予」字，周汝昌認爲可能祇是一個聲音，而沒有實義，卽是虛字。雖然見解高明，但是根據上文所述，「予」字從來沒有作爲虛字用過。所以，我疑心這個「予」字很可能是「乎」字的形誤。「予」字本身沒有虛字的功用。（詳見下文）

再看九歌山鬼「歲既晏兮孰華予？」這一句。王逸云：「年歲晚暮，將欲罷老，誰復當令我榮華也？」五臣云：「歲晏衰老，孰能榮華我乎？」洪補云：「此言當及年德盛壯之時留於君所。日月逝矣，誰能使衰老之人復榮華乎？」朱注云：「不然則歲晚而無與爲樂矣。」可見在宋及其以前楚辭注家的學說之中，對這個「予」字的意義，便已經有作「我」與「不作我」解的兩種說法。由此也可見九歌裏的人稱代名詞是難於處理的。難怪文懷沙在繙繹九歌時感到最棘手的就是人稱代名詞。其實，誠如上述，這點朱熹早已有鑑及之了。（註廿四）我想對這「孰華予」中的「予」字之意義，洪、朱不採王逸舊說作「我」解，應該就是朱子的「頗已正之」的一個例子了吧？「予」字作「我」講跟不作「我」講固然都講得通，那末不作「我」講時，到底是個甚麼字？照周汝昌說，是個有聲無義的虛字嗎？這還不能令人滿意。

試再看天問「何試上自予？」。這個句末「予」字的問題很多。洪、朱兩家俱引一本作「與」，王逸楚辭章句馮紹祖刋行本作「于」，姜亮夫屈原賦校注以爲當作「干」字。各是其說，無以信從。再加上「試」字有作「誠」、「誠」、「譏」、「議」、「弑」等字之別，致使「予」字的問題更加複雜化。雖然如此，綜觀各家的注釋之中，不是作「干犯」講，就是作無義的「與」與「于」講，很少直接當作「余我」解的。這一個例子似乎可以給周汝昌的理論添增一個佐證了？

既然上述四例中的「予」字，都可以不作、有的簡直是不能作人稱代名詞「余我」講，也不能作「給與」、「賜予」講，似乎都只是一個有聲無義的語詞。然則「予」字古書沒有作虛字用法的實例。而姜亮夫據各家引一本作「與」之版，以為「予與二字古通用」的說法，〔註廿五〕也不能令人滿意。因為「與」字在楚辭裏大多用作語中連詞，〔註廿六〕或是用在帶有閒適或徘徊意思的詞組：「容與」之中。〔註廿七〕却沒有用作語尾疑問詞如「歟」字的實例。雖然，在楚辭一書中，漁父一篇裏有一個這樣的用法，「子非三閭大夫與？」但這是散文的體裁，和屈、宋的詩歌體是不可同日而語的。再說漁父一篇學者們頗多認為不是屈、宋之作，而是秦、漢人的作品。〔註廿八〕可見予與二字古代當作虛字通用的說法極其勉强。

畢竟楚辭裏這些不能作「余我」講，又非「給予」、「賜與」的意思，實際上只是有聲無義的「予」字，應作何解呢？我疑心它們原本不是「予」字，而是「乎」、「兮」，「于」等字的形誤。現在讓我們舉例證明之。

王逸九思疾世云：「鴝鵒鳴兮聒余」。隋杜台卿玉燭寶典卷五頁二十一「取塞睪一名鴝欲」下注引王逸九思云：「鴝鳴予聽余」。按台卿引九思疾世句中「兮」字誤作「予」；「鴝」字作「雊」，這是當時的俗體。誠如台卿所說：「今字多作雊」。引九思句中又脫「鵒」字，這不是台卿所見本子原來沒有「鵒」字之故，而是誤漏了的。由同卷頁二十引異苑云：「五月五日剪鴝鵒舌亦能學人語」，以及「取寒睪一名鴝欲」下又引玉浮鎌夫人四言詩云：「鴝鵒戴飛之也」等語可以證明。此外，引九思句「聒」字又誤作「聽」。這種錯誤固然是由於草率與大意，但是當時人嗜作俗體的書寫習慣也有以致之。例如玉燭寶典卷二頁二十八引王廙春可樂云：「告辰兮上戊，明靈丫惟社；百室亐必集，祈社亐樹下」。同樣一個「兮」字，就作了「兮」、「丫」與「亐」三個異體。卷五頁十八引離騷（華案：誤。實出九歌雲中君）云：「浴蘭湯丫沐芳」。「兮」字作「丫」，頗易與「予」字誤。又卷十頁十一引王逸九思（按：卽傷時）云：「時混混丫澆饡」。「兮」字作「丫」，也容易和「予」混亂。

此外，梁顧野王原本玉篇廿七卷系部「繽」字注引楚辭（離騷）云：「佩繽紛其繁飾丫」，九卷音部「章」字注引楚辭（按：卽九歌雲中君）：「耶翺翔丫周章」，廿二卷石部「碊」字注引楚辭（按：卽九歌湘君）：「石瀨另碊碊」；廿七卷系部「繚」字注引楚辭（按：卽九歌湘夫人）：「繚之以杜蘅」；廿二卷石部「磊」字注引楚辭（按：卽九歌山鬼）：「石磊磊予葛蔓蔓」；十八卷車部「」字注引楚辭（按：卽九辯）：「炊憻丫貧士失」；又「怜」字注引楚辭（按：卽九辯）：「倚結軨予太息」；廿二卷石部「砏」字注引楚辭（按：卽九懷危俊）：「臣寶遷于砏汲」；廿二卷山部「崎」字注引楚辭（按：卽九懷昭世）：「都軨丘丫崎傾」；十九卷水部「滃」字注引楚辭（按：卽九懷蓄英）；「望谿予翁鬱」等，〔注廿九〕援引同樣一個「兮」字共作六種異體或誤謬。如下：

(1)引離騷、九歌雲中君、九辯句「兮」字作「丫」；

(2)引九歌湘君句「兮」字作「另」；

(3)引九歌湘夫人句「兮」字作「以」；

(4)引九歌山鬼、九辯、九懷蓄英句「兮」字作「予」；

(5)引九懷危俊句「兮」字作「于」；

(6)引九懷昭世句「兮」字作「芳」。

同樣一個「兮」字既然可以別作，或誤作：「丫」、「另」、「以」、「予」、「于」與「芳」等六種異體或誤字，那末，如果原本是「于」、「以」、「兮」等字的話，同樣也可以誤作「予」，或是其他字形近似的字。例如：文選張衡思玄賦「出閶闔兮降天途」，李善注引楚辭曰：「倚閶闔而望兮」。潘岳寡婦賦「若閶闔兮洞開」，李善注引離騷同；又九歌少司命「羅生兮堂下」，一切經音義二十一引此作「羅生乎堂下」等，皆其明證。這是陳、隋以後的情形，西漢以上，想必也是如此，尤其是楚辭寫作的時代——戰國時代，「言語異聲，文字異形」〔註三十〕同字異體別出的現象，更是尋常。再加上秦漢之際的篆化與隸變過程，今本所見與原本的面目必大有出入。拿小篆體來說，「干」字作：「[illegible]」，「予」字作：「[illegible]」，「兮」字作：「[illegible]」；「乎」字作：「[illegible]」；「于」（原作「亏」）字作：「亐」。說文「虧」或作「虧」，段注云：「亐、兮皆謂氣」。可見「于」（亐）、「兮」古字通用。又如「[illegible]」與「[illegible]」只是一筆之差，則「乎」字誤作「兮」，或是「兮」字誤作「乎」，都是極有可能的事。例如招魂洪補本「去君之恒幹，何爲四方些」，洪補云：「一云何爲乎四方；乎一作兮」。朱子集注朱鑑本正作：「去君之恒幹，何爲乎四方些」。朱熹也注云：「一無乎字；乎一作兮」。聞一多「楚辭校補」招魂「去君之恒幹，何爲四方些」條下云：「案『爲』下當從一本補

『乎』字。海錄碎事九上引乎作兮，與又一本同。兮卽乎之誤字」。英國牛津大學郝大衞 David Hawkes 也說：" The song-form of these two lines is probably the result of corruption. The four 兮's should be emended to 於，乎，於，乎，and 兮's supplied after 石 and 梧"。〔註卅一〕郝氏以爲九歎逢紛「馳余車兮玄石，步余馬兮洞庭，平明發兮蒼梧，夕投宿兮石城」此四句之某些文字可能有訛誤。其中四個「兮」字應該改訂爲：「於，乎，於，乎」；而兩個「兮」則分別補在「石」與「梧」之後。作：「馳余車於玄石兮，步余馬乎洞庭；平明發於蒼梧兮，夕投宿乎石城」。郝氏所說甚是。聞一多也說：「案本篇兮字無在句中者」。〔註卅二〕但是聞氏却把這四個「兮」字全改成「於」字。〔註卅三〕這可就不如郝氏的作法高明了。緣郝氏所說的這種句法，正是楚辭詩歌所習見。〔註卅四〕既然如此，則「步余馬乎洞庭」與「夕投宿乎石城」二句中的「乎」字，今本都誤作了「兮」。

總而言之，「乎」字既然易誤爲「兮」，而「兮」字又易誤爲「予」，那末，「乎」字之被誤作「予」，是理所當然之事。我們可以用數學上的代數原理說明如下：

設「乎」（[illegible]）爲「a」；「兮」（[illegible]）爲「b」；「予」（[illegible]）爲「c」。

「乎」易誤作「兮」；「兮」易誤作「予」

$a = b$ ； $b = c$

∴「乎」易誤作「予」

a = c

再者，拿聲韵來說，「乎」、「予」、「下」、「女」、「雨」等字上古音都同在魚部，則作「乎」或作「予」，同樣可以入韵。例如：

九歌湘夫人：「帝子降兮北渚，目眇眇兮悲予△（乎）；嫋嫋兮秋風，洞庭波兮木葉下▲。」

九歌大司命：「君廻翔兮以下，踰空桑兮從女▲；紛總總兮九州，何壽夭兮在予▲（乎）？

九歌山鬼云：「杳冥冥兮羌晝晦，東風飄兮神靈雨▲；留靈修兮憺忘歸，歲既晏兮孰華予▲（乎）？

據此，我們可以斷定，上述這些不能作「余我」講，也不是「給予」，「賜予」，又沒有實義的「予」字，很可能是「乎」字，或「于」字之誤。「予」字本身不能作虛字用。

【註釋】

註一　王逸楚辭章句云：「予謂司命。言普天之下，九州之民，誠甚衆多。其壽考夭折，皆自施行所致，天誅加之，不在於我也」。洪興祖楚辭補注云：「此言九州之大，生民之衆，或壽或夭，何以皆在於我？以我爲司命故也」。朱熹楚辭集注云：「曰九州人民之衆如此，何其壽夭之命，皆在於己也」？王夫之楚辭通釋云：「總總，人衆貌；予，代大司命自稱。此詰何故而盡操生人壽夭之柄」？蔣驥山帶閣注楚辭云：「予者，代神自稱之詞。壽夭在予，言人之壽夭，皆制於司命也」。英國牛津大學 David Hawkes 也把這句繙成：” See the

teeming peoples of the Nine Lands! 'What is the span of man's life to me?
'"(Ch'u Tz'u the songs of th South, Oxford University Press, 1957; P. 40)
等。

註二 文選五臣云：「主知生死，輔天行化，誅惡護美也」。（見洪補引）。王夫之楚辭通釋卷二云：「大司命統司人之生死」。戴震屈原賦注卷二云：「言司命主生人壽夭，其權徧統九州」。張縱逸云：「大司命爲命運之神」。（見屈原與楚辭，第 95；103-4 頁；又見文崇一「九歌中的上帝與自然神」一文，中央研究院民族學研究所集刊第十七期，1964 年，第 45—71 頁）。陸侃如等楚辭選云：「大司命，傳說是主管人類壽命的神」。第十一頁）。

Arthur Walley, The Nine Songs: A study of Shamanism in Ancient China,"The title, Ta Ssu-ming, means literally 'The great Controller of Destinies'(or 'lives')。Ming means a decree, particularly god's decrees, hence 'fate' in general, and in a narrower sense god's decrees about when people are to die; so that ming comes to mean 'length of life', 'life'。As we find the Ssu-ming in this song deciding whether people are to be long-lived or short-lived it seems best to translate his name by 'Lord of Lives'。"George Allen and Unwin, London, 1955, p. 39.

文懷沙屈原九歌今繹云：「從文辭上看，大司命星是生命的主宰神，能誅惡護善，權威很大」。（第35頁）。

註　三　括號裏的引話是周汝昌的。參見他的「從文懷沙先生的『屈原九歌今繹』說到『楚辭』中的『予』」一文。收在屈原九歌今繹附錄二，第99—115頁。

註　四　郭沫若屈原賦今繹云：「九州四海不少男人和女人，是我掌握著他們的壽命」。又注云：「原文爲『何壽夭兮在予』，案此當誤爲『何壽夭兮？在予！』」（第20頁）。陸侃如等楚辭選云：「予、大司命自稱。這句是說九州人們的壽命，都掌握在我的手中！」（第十一頁）。

註　五　見上引周汝昌：「從文懷沙先生的『屈原九歌今繹』說到楚辭中的『予』」一文。

註　六　參見文懷沙：屈原九歌今繹：「跋」。第74—78頁。

註　七　即「君廻翔兮以下，踰空桑兮從女，紛總總兮九州，何壽夭兮在予？」

註　八　如朱熹楚辭集注云：「君與女皆指神。君尊而女親也。……予者、替神而爲其自謂之稱也」。林雲銘楚辭燈云：「何、何故也。壽夭卽生死。因從司命之後，故代司命稱之曰予。猶俗言我們。運人已俱在內也」。姜亮夫屈原賦校注云：「君、指大司命言，此主祭者之詞。……女讀汝，親之之詞也。此二句主祭者之詞。……予、司命自予也。此二句從上句『從汝』生來，大司命答主祭者之詞。……言普天之下，九州之民，誠甚衆多，其壽老夭折，皆自施行所致，不在於我大司命也。此四句爲一唱一答之詞」。

註　九　見同上註三引周氏文，第113—114頁。

註一〇　見林泰輔龜甲獸骨文字二、七、九。中國文化研究所中文大辭典第二册第八九頁「予」字下引作殷虛文字甲編二、七、九。誤。應據改。金祥恒續甲骨文編也僅收此一字。

註一一　周法高中國古代語法稱代編云：「甲骨文，金文，有『余』字，書經、詩經、論語、孟子用『予』字，左傳、國語多用『余』字，莊子多用『予』字，少用『余』字。『余』、『予』音讀相同，恐怕只是由於寫法上的差異吧了」。（中央研究院歷史語言研究所專刊之三十九；一九五九年，第四九頁。又如尙書湯誥云：「嗟！爾萬方有衆，明聽予一人誥」。君奭云：「予小子，新命于三王」。詩經小雅采菽云：「君子來朝，何賜予之」。衞風河廣云：「跂予望之」。周頌閔予小子云：「維予小子，夙夜敬止」。論語述而云：「天生德於予，桓魋其如予何」？管子宙合云：「主盛處賢而自予雄也」。荀子云：「喜不過予」。爾雅釋詁云：「予、賜也；……予，我也」。等等。

註一二　史記夏本紀云：「帝少康崩，子帝予立」。史記仲尼弟子傳云：「宰予、字子我」。等字」。

註一三　郝懿行爾雅義疏上之一釋詁上「予……余……我也」條下云：「余予古通用，故論語云：『百姓有過，在予一人』；周語引湯誓曰：『萬夫有罪，在余一人』……是『余』、『予』古字通用之證」。說文「予」字段氏注云：「儀禮古文左氏傳皆作余。鄭曰：余予古今字」。

註一四　如離騷云：「皇覽揆予初度兮，肇錫予以嘉名。名予曰正則兮，字予曰靈均」。

註一五　見同註三所引周氏文。

註一六　大戴禮卷六十四勸學篇云：「孔子曰：『吾嘗終日思矣，不如須臾之所學；吾嘗跂而望之，不如登高而博見也』」。按荀子卷一勸學篇「吾」上無「孔子曰」三字。又「吾嘗終日思矣」作「吾嘗終日而思矣」，和「吾嘗跂而望矣」爲對文。可見大戴禮「吾嘗終日思矣」必定是脫了「而」字。又大戴禮「不如登高而博見也」中的「而博見也」、荀子作「之博見也」。可見有「而」字或無「而」字；作「而」或作「之」，都沒有多大的關係，即都沒有影響文義，況且「而」、「之」同義。例如：「吾嘗終日而思矣」，既然可省作「吾嘗終日思矣」，而不影響文義；那末，「吾嘗跂而望之」，同樣也可省作「吾嘗跂望之」，而不影響文義。這不也就是詩經河廣「跂予望之」的意思嗎？分別只在河廣用的是〔主∥動〕結構的倒裝句法而已。而這類倒裝的句法，詩經裏多的是。例如周頌訪落云：「訪予落止（之）……將予就之」。小雅菀柳云：「……俾予靖之，後予邁焉」。鄭箋云：「邁，行也。亦放也。春秋傳曰：「予將行之」。等。

註一六A　參見拙作「楚辭九歌的倒裝法」一文。本書第五九—八〇頁。

註一七　一本作：「世人皆濁」。史記屈原賈生列傳作：「舉世混濁而我獨清」。

註一八　見同註一一。

註一九　金祥恒續甲骨文編第二收了七十八個「余」字，而第四只收了一個「予」字。容庚金文編第二也收了四十個「余」字，可是「予」字却連一個也收不到。

註二〇　見屈原賦校注第二三四—五頁。

註二一　見同上註三所引周氏文，第一〇五—一〇六頁。

註二二　見屈原九歌今繹：「再版贅語」，上海文藝聯合出版社，一九五五年，第八頁。

註二三　見屈原賦今繹第一五頁。

註二四　見楚辭辨證上「九歌」條。

註二五　見屈原賦校注第三六九頁。

註二六　如離騷：「扈江離與辟芷兮」、「春與秋其代序」、「啟九辯與九歌兮」、「余焉能與此終古」等九例，九歌湘夫人：「與佳期兮夕張」、大司命：「吾與君兮齋速」二例；九章惜誦：「言與行其可迹兮」、「情與貌其不變」、「播江離與滋菊兮」等四例；九章抽思：「昔君與我誠言兮」、「南指月與列星」、「人之心不與吾心同」等四例；九章思美人：「吾誰與玩此芳草」，「情與質信可得兮」等四例；離騷「初既與余成言兮」；九辯：「君之心兮與余異」等是。

註二七　如離騷：「遵赤水而容與」；九歌湘君與湘夫人二見的「聊逍遙兮容與」，禮魂：「姱女倡兮容與」；九章涉江：「船容與而不進兮」、思美人：「然容與而狐疑」；九辯：「農夫輟耕而容與兮」；九懷通路：「浮云兮容與」等是。

註二八　如崔述考古續說卷下觀書餘論說卜居、漁父非屈、宋所作；胡適「讀楚辭」也說這兩篇不是屈原所作；游國恩楚辭概論（pp. 199，202）云：「（卜居、漁父）決爲秦代或西漢初年的產品無疑」；文懷沙屈原集前言云：「可能是漢朝人的僞作」。等。

註二九　按梁顧野王原本玉篇一書，頗引楚辭及王注。其所引者與今本所載也甚有出入，參見將發表拙作：「原本玉篇引騷紀要」一文，或本書第一七七—一八五頁。

註三〇　見許愼說文解字敍。

註卅一　見 Ch'u T'zu, the songs of the South p.207。

註卅二　見「楚辭校補」九歎逢紛「馳余車兮玄石……夕投宿兮石城」條下注。

註卅三　見同上註。聞氏云：「此當作『馳余車於玄石兮，步余馬於洞庭；平明發於蒼梧兮，夕投宿於石城』。」

註卅四　如離騷云：「朝發軔於蒼梧兮，夕余至乎縣圃」；「飲余馬於咸池兮，揔余轡乎扶桑」；「夕歸次於窮石兮，朝濯髮乎洧盤」；「覽相觀於四極兮，周流乎天余乃下」；「朝發軔於天津兮，夕余至乎西極」；遠遊亦云：「軼迅風於清源兮，從顓頊乎增水」，惜誓亦云：「馳鶩於杳冥之中兮，休息虖崙崑之墟」。洪、朱俱云：「虖、一作乎」等。

伍、楚辭語文零釋

一、楚辭「辭」字詁

楚辭「辭」字，說文各本手部「擕」字下引皆作「詞」。惟獨段注本引作「辭」。又弓部「彈」字與萑部「彠」字下引亦並作「辭」。然於「菩」、「顥」、「嬃」及「婞」各字下引則又有作「詞」與「䛐」者。考「辭」、「詞」二字原本形異義殊。而「辭」與「辤」，其義蘊復迥然有別。奈「詞」與「辭」二字，兩周以來已混而不分；漢人則「辭」、「辤」不別；隋、唐以降，則又「辭」、「辤」、「辞」俗字通用矣。茲舉例申論如下：

請先論「詞」字。說文各本俱作如字。惟獨段注本作「䛐」。許愼云：「意內而言外也。從司、言」。段注云：「古本不作詞。今各本篆作詞，誤也」。首斥今體作「詞」之譌。吳契寧亦曰：「今隸作詞，移司于言之右」。〔註一〕

至於「辭」字，許愼云：「訟也。從𤔔。𤔔、猶理辜也。𤔔，理也」。段注本云：「說也。從𤔔。辛。𤔔辛猶理辜也」。按「辭」字今各本皆訓「訟也」。惟段注云：「今本說譌訟。廣韵七之所引不誤。今本此。說譌爲訟，訩字下訟譌爲說。其誤正同」。徐承慶說文解字注匡謬云：「改說也」。徐灝說文解字注箋亦云：「此卽呂刑師聽五辭之辭，故訓爲訟。而以理辜釋之。廣韵於辭字，本訓亦云：辭、訟。而引說文曰：『辭，說也』。則說字恐誤。……引伸之，凡有說以告於人者謂之辭。而辭令之義生焉。以謝於人亦謂之辭。而辭受之義生焉。古通作詞。」徐箋於辭字之引伸義，論說縱或近似臆度（蓋辭之辭受義實乃叚辤字爲之），然疑：「說字恐誤」，是也。蓋「說」、「訟」二字形近易譌也。如「訩」字下「訟」譌爲「說」，其例正同。沈濤說文古本考云：「廣韵七之辭：『辭，訟。說文云：說也』。似古本作說，不作訟矣。然訓解中理辜云云，則作訟爲是。蓋廣韵傳寫，訟說二字誤易耳」。〔註二〕廣韵引說文固以形似易譌，竊疑又涉說文「說」字而誤也。〔註三〕沈氏謂「理辜」之訓，義與訟合，尤爲確說。則段君改「訟」爲「說」，亦妄矣。

「詞」之本意，許君謂「意內而言外也」。段君申之，以爲「有是意於內，因有是言於外謂之詞」。是「文詞」、「語詞」本作「詞」。後叚「辭」爲之。如禮記曲禮云：「不辭費」。論語衞靈公云：「辭達而已矣」。易乾卦云：「修辭立其誠」等，皆作「辭」。又如楚詞之通作「楚辭」，亦皆其例也。

「辤」字說文辛部云：「不受也。從受、辛。受辛宜辤之也。辝，籀文辤」。是「辭」、「辤」二字文迥義殊。王筠說文句讀云：「經典皆借辭爲之」。段注亦云：「按經傳凡辤讓皆作辭說字。固屬叚借。而學者乃罕知有辤讓本字」。如聘禮：「辭曰：非禮也」。敢注云：「不受也」。左傳哀公六年：「五辭而後許」。釋文曰：「辭本又作辤」。皆其例。或又用「辤」爲「辭」。漢魏以還，俗字通行。此風尤盛也。世說新語載蔡邕題曹娥碑：「黃絹幼婦，外孫齏臼」。楊修解之曰：「齏臼，受辛之器，辤字也」。後漢書楊修傳乃釋爲「絕妙好辤」。段玉裁曰「此正當作辭。可證漢人辤辭不別耳」。〔註四〕隋唐間俗字又多叚「辤」、「辝」與「辞」爲「辭」。如原本玉篇廿二卷厂部「廦」字注、廿七卷系部「緻」字與「紛」字注引楚辭「辭」字皆作「辞」。又如一切經音義卷五十三頁1156「欽崟」、卷八十九頁1906「惽漠」、同卷頁1909「嘌戰」，頁1917「褊陋」、頁1918「馳騖」、頁1920「倏不見」等條下注引楚辭「辭」字皆作「辤」；卷九十八頁2059「溘死」、同卷同頁「阽危」、同卷頁2070「蘭畹」、卷一百頁2108「悦然」等條下注引楚辭「辭」字皆作「辞」。此蓋「辤」之籀文也。又文選注引楚辭亟修。〔註五〕其稱楚辭之名，或作「詞」、或作「辭」、或作「辝」、或作「辤」、或作「辞」等，不一而足。其例甚夥，不備擧。然則楚辭之「辭」，要以「詞」爲正字，「辭」爲借字，而「辞」、「辤」、「辝」等俱爲俗省。

【註釋】

註一　見實用文字學下册，第578頁。台北，商務印書館，一九五九年。

註二　又周祖謨廣韵校勘記卷一頁63云：「案說文『說』作『訟』。」

註三　宋本廣韵「說」字作「説」，與「訟」字形亟近似也。

註　四　參見嚴章福說文校議議；段玉裁說文解字注；桂馥說文解字義證；王筠說文句讀等書「舜」字下注語。

註　五　邱君頂文榮譽學位畢業論文文選注引屈原賦考統計六臣援引屈賦以爲注釋者，共 1227 次，得 594 條。

二、楚辭「女嬃」略說

甲、引　言

楚辭離騷「女嬃之嬋媛兮，申申其詈予」，九歌湘君「女嬋媛兮爲余太息」，七諫哀命「念女嬃之嬋媛兮，涕泣流乎於悒」，其中「女嬃」與「女」，王逸俱釋爲屈原之姐。〔註一〕後世學者乃據以爲屈原有姊名女嬃。千數百年以下無異議者，明清以降，學者始非之。〔註二〕究所以非之之由，咸因「嬃」一字之義訓歧異而起。於是乃有以女嬃爲賤妾、侍女、媵妾、神巫、女祝、老嫗保姆、女伴、衆女等說生焉。如此異說，既因「嬃」字而起。爰試先辨「嬃」字。

乙、「嬃」字考校

說文女部「嬃」字云：「女字也。從女，須聲。楚詞曰：『女嬃之嬋媛』。賈侍中說：『楚人謂姊爲嬃』。」〔註三〕今存說文各本引及楚辭離騷此句者，「嬃」字無不作如字者。僅唐寫本文選作「𡡉」，〔註四〕蓋俗省也。惟楚辭及說文以外之他書，引及離騷此句或論及其事者則頗有出入耳。其「嬃」字有作「嬬」、「媦」、「⿱稍女」及「須」等者。字既不同，義隨字遷。各家訓釋，紛繁錯雜，不能不辨。

周易歸妹六三爻辭云：「歸妹以須；反歸以娣」。阮元校勘記云：「石經岳本閩監毛本同。釋文須，荀、陸作嬬」。席世昌席氏讀說文記云：「易歸妹以須，釋文云：待也。引鄭氏云：有才智之稱。荀、陸作嬬。是鄭本須字當有女旁。需與須古通用。故又從嬬」。是「須」字有二解：一，待也；二，有才智之稱。周易王弼注云：「室主猶存而求進焉。進未值時，故有須也。不可以進，故反歸待時以娣乃行也」。孔疏亦云：「未當其時，則宜有待。故曰歸妹以須也」。又九四象曰：「愆期之志，有待而行也」。凡此皆「須，待也」之意。至「有才智之稱」，乃叚「諝」字爲之。說文言部云：「諝，知也。從言，胥聲」。段注云：「周禮、詩，皆假胥爲之。天官『胥十有二人』。注：『胥讀爲諝。謂其有才知爲什長』。秋官『象胥』，注：『胥，其有才知者也』。小雅『君子樂胥』。箋云：『胥，有才知之名也』。周易假須爲之。鄭云：『須，有才知之稱。天文有須女；屈原之姊名女須』。」案周禮天官序「胥十有二人」賈公彥疏引鄭注周易云：「屈原之姊名女須。彼須字與此異者，蓋古有此二字通用，俱得爲有才智也」。詩小雅桑扈「君子樂胥，受天之祜」孔疏引鄭注周易與段注引同。亦作「屈原之妹名女須」。阮元校勘記云：「閩本、明監本、毛本同。案姊誤妹，下同。是也」。說文段注「嬃」字下亦云：「妹字恐姊字之譌」。阮、段二氏說並是。小雅桑扈孔疏又引鄭志答泠剛云：「是胥爲才智之士。胥、須古今字耳」。

「須」與「嬃」又有從女與否之別，及作「姊」與「妹」解之辯。馬宗霍說文解字引群書考（卷一，頁三十四）云：「據此，是屈原姊名，古但作須，爲假借字。嬃則後起之專字。凡女子之名皆得施之」。此說確甚。許愼所謂「嬃，女字也」。卽其證也。許愼又云：「賈侍中說楚人謂姊爲嬃」。段注云：「賈語蓋釋楚辭之女嬃。〔註五〕」是也。意謂此女嬃乃原姊之專名，非「嬃」字之通義也。由賈侍中「楚人謂姊爲嬃」一語，集韵及洪興祖楚辭補注並引作「楚人謂女爲嬃」，可證也。傅雲龍說文古語考補正云：「嬃之本義爲女字。楚人上無一日字。則姊當作女。……作女，可據以訂正。古語云：嬃不專屬姊。卽如女嬃，離騷王逸註：『屈原姊也』，通作須。袁山松、酈道元說並同。鄭志答泠剛云：『須，才智之稱，故屈原之姊以爲名』。而詩正義引鄭注周易云：『屈原之妹名女須』，是說與漢高后女弟呂須正合。段氏疑鄭注姊譌妹，非也」。傅說非是。段、阮二氏疑姊譌妹說之不誤，已如上述，傅氏引古語「嬃不專屬姊」云者，亦不誤也。然旣謂王逸以離騷之女嬃爲屈原姊爲是矣，復又以詩正義引鄭注周易「屈原之妹名女須」爲不誤。似此，則女嬃（須）究爲屈原之姊耶？抑爲屈原之妹耶？傅氏不應自相矛盾若此，「嬃」不專屬姊。妹亦得稱「嬃」。蓋「嬃」本女字。姊或妹俱得而通用。如漢高后之女弟名爲呂須者是也。〔註六〕」然則屈原之姊固名女嬃，不得因呂后妹（女弟）名呂嬃，而以女嬃爲屈原之妹也。

朱季海楚辭解故「女嬃之嬋媛兮」條下云：「方言第十二：『媦，姊也』。錢繹箋疏：『廣雅：媦，姊也。玉篇作⿱稰女。云：姊也。廣韵：⿱稰女，齊人呼姊。說文：嬃，女字也。……嬃、媦，語之轉』。今謂錢說是也。楚人讀宵部字或如侯，故媦作嬃。……錢氏又云：『易：歸妹以須。疏引鄭注：……屈原之妹名女須。史記呂后紀：太后女弟呂嬃。又樊噲傳：噲以呂后女弟呂嬃爲婦。是妹亦稱嬃』。今案此說非是。嬃之爲姊，自賈侍中以下無異詞。以子雲所記別國方言證之而益信。鄭氏易注亦本當作姊。今詩疏引易注及鄭志並作妹者，緣易『歸妹』字致誤耳。……若呂嬃云者，正說文所謂『女字』也。何關女弟，輒相附會」。「嬃」既爲「女字」，原爲婦女所得通稱共用之詞。姊或妹稱之並爲兩便。實無害女嬃之爲原姊，呂須之爲呂后妹也，朱說似嫌偏激。

「嬃」字既不啻姊妹得而通稱，且凡女子亦皆得而通稱共用者也。後之學者，因昧於是理，乃徒生妄想，致異說紛紜，莫衷一是。如除上述王注「女嬃」爲原姊，或誤以爲原妹而外，尚有以女嬃爲賤妾、侍女、媵妾（陪嫁之女）、神巫、女祝、老嫗保姆、女伴、衆女等說，異端迭起。其中雖亦有言之成理者，要皆與屈辭義乖，非靈均之旨也。（參見上文）。試舉例申論如下。

丙、「女嬃」異說舉隅

明汪瑗楚辭集解離騷蒙引云：「嬃者，賤妾之稱。比黨人」。〔註七〕朱綬亦云：「以下文『衆不可戶說兮』觀之，則女嬃自宜以黨人解之。若內被姊詈，不得歸於衆也」。〔註八〕劉永濟屈賦通箋以諸氏之不用舊說爲是，而認諸家以女嬃爲賤妾、黨人爲非是。然則劉氏亦未提出其所以爲非之之理由。却主女嬃爲神巫之名。此則容待下文申論。姜亮夫亦以嬃爲賤妾之稱。且特撰「女嬃爲賤妾說」一文專論之。〔註九〕其文非「黨人」之說云：「惟又以賤妾比黨人，則過於迂曲」。竊以爲其說奚啻過于迂曲，直爲謬論。須知「黨人」者，屈子之所恒言，並甚爲憎惡之「讒佞」、「小人」也。比諸上官大夫、靳尚、椒、蘭之流可也。〔註十〕比諸嬋媛爲懷、且申申詈原之女嬃或姊則不可也。姜文又云：「漢書樊噲以呂后女弟呂須爲婦；又廣陵厲王使女巫李女須使下神祝詛；則女須乃秦漢以來稱幼少婦女之詞。作『須』者聲借字，作『嬃』者後起分別字，蓋自聲借字又轉爲專字也。此本中土文字繁衍之一例。說文收嬃字，引賈侍中說，蓋許氏亦不得其解也。〔註十一〕其本字疑作『嬬』、易『歸妹以須』，釋文引陸績本作嬬，注：『妾也』。廣雅釋親：『妻謂之嬬』。說文訓嬬爲弱，從女，需。需亦聲。凡今從需之字，皆有弱小與美好二義。……古妾必幼于妻。別稱小妻，故可曰嬬矣。天文北方宿女四星亦曰須，光微小；天市垣織女三星明大。故織女星爲貴，須女爲賤；亦假須爲嬬之一證」。沈德鴻楚詞選讀亦云：「嬃同須。女須，猶女侍，又曰須女。史記天官『婺女』正義：『須女四星，亦婺女，天少府也。須女，賤妾之稱，婦職之卑者』。故知女嬃乃屈原之女侍也」。〔註十二〕姜、沈二氏之說，二而一、一而二者也。其爲牽強，附會亦一也。蘇雪林曰：「沈德鴻亦曰女嬃乃屈原之侍妾，當受上述諸人的影響。……若女嬃爲賤妾，爲侍女，則妾侍對家主，恭敬之不暇，何敢申申而詈」。〔註十三〕蘇說固近情理，惟無實據。張壽平曰：「下文『申申其詈予』，非侍女所有之事。又擧鮌婞直以亡身之事，豈侍女所能知」？〔註十四〕總之，以女嬃爲屈原之賤妾、侍女，或比黨人之說，皆不足據。

或有以女嬃爲媵妾者。朱駿聲離騷補注云：「愚按易、漢書與天文皆借須爲嬬，媵妾也。漢書呂后紀后女弟呂須亦是嬬字。須之爲原姊，古說相承，不宜立異」。朱氏媵妾之說，劉氏永濟非之。〔註十五〕然無論據。若必謂呂后女弟呂須爲媵妾，則與史實不符。蓋貴爲高帝后之女弟，有漢一代開國功臣樊噲之妻，且曾被封爲臨光侯，其權術之高幾與呂后齊同之呂須，焉能以媵妾目之？〔註十六〕雖然如此，朱氏仍以須爲原姊，乃相承不可異之古說也。

又有自此「媵」字意義引申，而以女嬃爲從嫁之女者。如姜亮夫屈原賦校注云：「古嫁女以娣姪從。故亦得視爲小妻矣。今世則直以姨稱妾，支對轉清，則音變爲媵；儀禮士昏禮『媵御餕』，注：『古者嫁女必以侁姪從，謂之媵』；莊十九年公羊傳：『媵者何？諸侯娶一國，則二國往媵之，以姪娣從』。字或作『倂』，呂覽『有侁氏以伊尹倂女』，卽天問之『媵有莘之國』也。」案「國」乃「婦」字之譌。爾雅釋言云：「媵、送也」。孫炎曰：「將行之送也」。小雅我行其野正義云：「妾送嫡而行，故謂妾爲媵。媵之名，不專施妾。凡送女嫡人者，男女皆謂之媵。僖五年左傳：『晉人滅虞。執其大夫井伯以媵秦穆姬』。史傳稱伊尹、有莘之媵臣。是送女者雖男亦名媵也。此不以禮嫁，其父母之家，男子婦女皆無肯媵之，故獨來耳。非謂當有姪娣媵也」。據此，則媵乃送女適人者之通稱，男女皆得爲媵，不專施於妾。女嬃究曾爲媵與否，不害其爲屈原姊也。

然又有以嬃爲陪嫁之女，與同嫁事一夫之娣爲同義。如何錡章曰：「愚考須（通嬃），娣，本義皆爲陪嫁之女。段玉裁注娣字下，引釋親曰：『女子同出，謂先生爲姒，後生爲娣』。孫、郭皆云：『同出謂俱嫁事一夫』。……公羊傳、白虎通皆曰：『諸侯娶一國，則二國往媵之，以姪、娣從』。又左傳襄二十三年：『繼室以其姪』，蓋古有以女之姪與妹從嫁之俗。則此『姒、娣』；『姪、娣』；『須、娣』義同。言年稍長者，卽先生者曰姒，曰姪，則賈侍中曰楚人謂姊爲須，須亦年較長者之稱。釋親曰：『男子謂先生爲姊，後生爲妹』。姊者，尊稱年長之女子，古非爲如今專指同胞姊妹之姊也。……是知周易之『須（嬃）娣』卽爾雅釋親所稱之『姒娣』。爾雅釋親又曰：『娣婦謂長婦爲姒婦』。亦卽公羊傳白虎通所言『姪娣』，皆以方言不同而轉音者。本義皆爲陪嫁之女。而嬃、姒因較年長乃引伸而有尊稱之義。王逸等以之專指屈原之姊或妹，失之迂矣。若爲屈原之姊，何不如朕皇考之例曰『朕姊』、『朕嬃』，而曰『女嬃』？自稱己姊，焉有於姊字之上加一女字之理」？〔註十七〕案何說似嫌牽强。爾雅釋親所謂「姒娣」或「姊妹」、公羊白虎通所謂『姪娣』，本義縱爲陪嫁之女，然與周易之「須娣」無關。不得據以傅會。況「須，待也」。與「姪娣」風馬牛不相及，周易六三爻辭「歸妹以須，反歸以娣」，正義云：「未當其時，則宜有待，故曰歸妹以須也。反歸以娣者，既而有須，不可以進，宜反歸待時，以娣乃行。故曰反歸以娣」。據此，則「須」之不同於「姒」、「姪」甚明，焉得强女嬃爲陪嫁之女？

又有以女嬃爲神巫之名者。如劉永濟屈賦通箋（卷一、頁廿三、四）云：「女嬃，蓋亦神巫之名。漢書廣陵厲王胥傳：『當使女巫李女須使下神祝詛。女須泣曰：孝武帝下我。左右皆伏』。師古曰：『女須者，巫之名也』。周拱辰離騷拾細亦以女須爲女巫，謂：『與靈氛之詹卜同一流人，以爲原姊謬矣』。是也，說文曰：『嬃，女字也』段玉裁注曰：『樊噲以呂后女弟呂須爲婦。須，卽嬃字也』。周易『歸妹以須』，鄭云：『有才智之稱』。天文有須女。證以國語楚語：『民之明能光照，聰能聽徹者，然後神明降之』之語。女巫名須之意，亦可知矣。漢之李女須，必因古神巫而名，蓋爲巫覡之術者，多用古名」。案劉說殊爲不合邏輯。漢之李女須固爲神巫矣，然不得因此謂凡以「須」爲名之人皆巫也。姑不論離騷之女嬃果爲女巫否，然漢高后女弟呂須之絕非女巫，確爲事實。〔註十八〕此非巫而以須爲名之證也。然則縱或離騷「女嬃」嘗爲女巫矣，亦何害於其爲原姊也？何錡章又曰：「嬃女乃年較長者，善女工，較有才智，故又引伸爲才智之女，年長之女之尊稱，如『呂嬃』是」。〔註十九〕案呂須爲呂祿之姑。自呂祿言，呂須固爲尊長。但就呂后言，則呂須不得爲尊長也。何氏又曰：「其不言姓者，則謂之女嬃。通稱也。離騷所言『女嬃』實卽此義。蓋尊稱舜庙中之女祝也。劉永濟以女嬃爲神巫之名，義稍近。而實亦非神巫之名。……證之鄭玄注周易，謂須爲『有才智之稱』，與國語楚語：『民之明能光照，聰能聽微者，然後神明降之』。可知『須』確爲尊稱女祝無疑。劉氏不知，乃言『女巫名須』，未盡得之。戰國之俗庙中多爲女祝，前引風俗通義祀典：『周禮，女巫掌歲時以祓除衅浴』。知戰國之世楚人於舜庙之際，巫者必亦女性，屈子之初入舜庙，見女祝，尊稱之謂其爲女須，明祭天大典尙未開始，女祝亦屬普通年長之婦人，故以稱之若此。或因不知其姓，故不稱姓，僅稱女嬃」。案何氏所論，別無新義。其所謂「女祝」，實無異於劉氏所謂之「神巫之名」、「女巫之名」。是何說之謬與劉氏同。

游國恩「楚辭女性中心說」云：「王逸以爲女嬃是屈原的姊姊，不知何據；大概是『想當然』的罷。屈子有無姊姊不可考。水經注江水篇引袁山松的話，竟說屈原有賢姊……這顯然是後人因王註而附會的，很是可笑。所以許多注家都說：楚人通稱婦人爲『嬃』，是不錯的。……怎麼可以硬解作姊姊呢？所以我的看法，這『女嬃』不過是一個假設的老太婆——與他有相當關係的老太婆。說得文雅一點，只是師傅保姆之類罷了。……原來屈子是以女子自比的。女子得罪了丈夫，由得寵而至於被棄，大概保姆們應該會責罵他脾氣太壞了罷？……因而連丈夫也不喜歡他了。若把『女嬃』解作屈姊，不但此義不明，反而令人懷疑：何以父母兄弟們都不罵他，偏偏一個老姊姊來罵他？豈不可怪」？（註二十）游氏不知王逸以女須爲原姊之所據，因以其說爲可怪。實則王逸所據爲其前輩許愼之說文解字與賈逵之離騷經章句。又女嬃以姊詈弟並不可怪也。須知原之父伯庸經已謝世；原之母存世與否不可考知。縱然在世，亦恐寵之不暇。而原姊女嬃以長輩之身份「申申詈」弟，何怪之有？女嬃若訓爲老嫗保姆或原妹之輩，反爲不當。此亦王逸、袁山松等以女嬃爲原賢姊之另一理由。何錡章亦云：「然屈原之時是否有所謂保姆，仍不可知，故其猜測之詞亦不可信」。（註二十一）

此外，又有以女嬃爲「衆女」者。如趙晉文選攷音云：「離騷經『衆女嫉予之蛾眉兮，謠諑謂予以善淫』，與『女嬃之嬋媛兮，申申其詈予』前後同義。言衆女烟視媚行，自詡妖冶，而嫉予之蛾眉尤甚，初焉謠諑，繼而狠詈」。〔註二十二〕趙氏所謂「前後同義」者，意指「嫉予蛾眉」、「謂予善淫」之「衆女」乃係「申申詈予」而又「嬋媛」之「女嬃」；意謂「烟視媚行，自詡妖冶」乃係「嬋媛」之義。其實非也。張壽平云：「嬋媛非『烟視媚行，自詡妖冶』之意」。〔註二十三〕何錡章亦云：「趙晉文選敏音則以『女嬃之嬋媛兮』，與『衆女嫉予之蛾眉兮』同義，釋女嬃為衆女，皆未得之」。〔註二十四〕張、何二氏說是也。蓋女嬃之不同於衆女，猶水火之不能相容，敵友之不為兩立也。趙氏昧於是理，乃發此妙論。

又或以女嬃為女伴、侍女者。如郭鼎堂屈原賦今譯（第100頁註一）云：「原文為『女嬃之嬋媛』。女嬃舊以為人名，或說為屈原姊，或說為屈原妹，均不確。今姑譯為『女伴』，疑是屈原之侍女」。王泗原離騷語文疏解亦云：「我認女嬃就是侍女。我的解法是這樣的：一，……在離騷稱『女嬃』，在湘君稱『女』。女嬃不是專有名詞而是普通名詞，且不是姊妹。二，嬃與嫨同義。……我以為嬃從女䇓省。由說文『嫨，女隸也』的說解，知嫨從女徯省，徯亦聲。是會意兼聲字，許說『奚聲』錯了。待叫『徯』，待人（女隸，侍待同）也叫嫨，字就合女徯為嫨。以嫨例嬃，知嬃從女䇓省，䇓亦聲，是會意兼聲字，許說『女字，須聲』錯了。待叫䇓，待的人也叫嬃，字就合女䇓為嬃。徯與嬃即女侍，即今語女招待。……䇓與徯同義，嬃與嫨同義。三，嬃與嬬是一字的二形。由說文『嬬，弱也；一曰下妻也』的說解，知嬬從女需，需亦聲，是會意兼聲字，許說『需聲』錯了。『需，䇓也』。

需與嬃同音同義，實是一字的二形。女需合爲嬬，女嬃合爲嬃，也是一字的二形。女嬃合字猶女需合字，也猶女徯合字。四，婢從女卑，奴從女又，嬃、婁、嬬、嫨的造字方法與婢、奴同。五，寺、待、時、峙、侍、待、是一字流衍而成。……是一字的數形。原只有寺字，或加彳作待，或加人作侍，待流衍成時、峙。而侍流衍成侍。……所以女隸卽女侍（隸待一音的轉）。也卽女侍」。案郭說無徵。王說雖有徵，然與離騷本文原義格格不入。究以一侍女之身份，竟而申申詈原，於情於理均不合。蘇雪林所謂：「侍女妾侍對家主，恭敬之不暇，何敢申申而詈」？〔註二十五〕是也。

丁、結語

如上所述，各家異說既皆不能成立，則女嬃仍當據賈逵、許愼與王逸之舊說，以爲原姊也。而「嬃」字既爲姊妹、婦女所通用之「女字」，亦自不害呂須之爲呂后女弟，抑李女須之爲女巫者也。

【註釋】

註一　離騷「女嬃之嬋媛兮」，王注云：「女嬃，屈原姊也」。水經注引袁崧云：「屈原有賢姊，聞原放逐，亦來歸。喻令自寬。全鄉人冀其見從，因名曰秭歸縣。北有原故宅。宅之東北有女嬃廟。擣衣石猶存」。九歌湘君「女嬋媛兮爲余太息」。王注云：「女謂女嬃，屈原姊也」。七諫哀命「念女嬃之嬋媛兮」，王逸謂：「已解於離騷經」。言外亦以女嬃爲原姊也。

註二　明汪瑗楚辭集解離騷蒙引云：「嬃者，賤妾之稱，比黨人也。嬋媛，妖態也」。朱綬曰：「以下文衆不可戶說觀之，則女嬃自宜以黨人解之。若內被姊詈，不得歸之於衆也」。俱見張雲璈選學膠言、梁章鉅文選旁證引。（劉永濟屈賦通箋卷一、頁二十三援張雲璈引楚辭集解誤作「文選集解」；又混張雲璈所引楚辭集解與汪瑗楚辭集解爲二）。其後朱駿聲離騷補注、劉永濟通箋等亦皆非之，詳見下文。

註三　案「從女、須聲」四字，大徐本在「賈侍中說：楚人謂姊爲嬃」之下。「詞」字段注本作「詈」。註云：「詈當作辭」。不妥。實則「辭」本「詞」之通假。非本字也。又集韵與洪興祖楚辭補注引說文賈侍中語並作：「楚人謂女曰嬃」。作「女」而不作「姊」。王筠說文句讀云：「一無人字。姊、一引作女，非。賈說蓋釋離騷也」。

註四　日本京都帝國大學影印舊鈔本文選殘卷，簡稱唐寫文選。案羅振玉刋唐寫文選集注殘本亦同作「[illegible]」。

註五　王筠亦主此說。見上註三引。

註六　史記呂后本紀云：「太后女弟呂嬃，有女爲營陵侯劉澤妻。……過其姑呂嬃。嬃大怒曰：『若爲將而棄軍，呂氏今無處矣』。……辛酉，捕斬呂祿而笞殺呂嬃」。漢書樊噲列傳云：「噲以呂后弟呂須爲婦」。王先謙補注云：「須，官本作嬃。下同」。漢書高后紀云：「祿信寄，與俱出遊。過其姑呂嬃。嬃怒曰：『汝爲將而棄軍，呂氏今無處矣』。顏師古注云：「

呂嬃，呂后妹」。王先謙補注云：「宋祁曰：『呂嬃，樊噲妻。封臨光侯』。錢大昭曰：『說文：嬃，女字也。……詩正義引鄭注周易：歸妹以須。亦云：屈原之姊名女須。是須與嬃古字通。呂嬃爲呂后妹也』。王鳴盛曰：『陳平傳：高帝命平斬噲，道中計曰：噲，呂后女弟呂嬃夫』。則其爲呂妹甚明。嬃蓋姊妹通稱」。

註　七　又見張雲璈選學膠言引。梁章鉅文選旁證卷二十七復引之。參見上文（註二）。

註　八　見梁章鉅文選旁證卷二十七引；又劉永濟屈賦通箋卷一通訓第四又引之。

註　九　此文附於屈原賦校注離騷第一之後。

註一〇　案「黨人」一詞楚辭凡四見：卽離騷三見，九章懷沙一見。離騷云：「惟夫黨人之偸樂兮，路幽昧以險隘」。王注云：「黨，朋也。論語曰：朋而不黨。……言己念彼人相與朋黨，嫉妒忠直，苟且偸樂」。洪補曰：「小人朋黨，偸爲逸樂，則中正之路塞矣」。離騷又云：「惟此黨人其獨異」。洪補曰：「黨，朋黨謂椒蘭之徒也」。離騷又云：「惟此黨人之不諒兮，恐嫉妒而折之」。王注云：「言楚國之人，不尙忠信之行，共嫉妒我正直，必欲折挫而敗毀之也」。九章懷沙云：「夫惟黨人鄙固兮，羌不知余之所藏」。此善鄙妒之「黨人」，與屈原列傳所指「心害其能」、同原爭寵之上官大夫爲類也。

註一一　案非許氏不得其解也。緣有師說在先，援之以資識別，示不掠美耳。

註一二　見楚辭選讀，上海商務。民國二十六年初版。三十六年再版。

註一三　見「離騷新詁」，恒光月刊，第二期，新加坡恒光出版社，一九六四年，第 64 — 90 頁。

註一四　見離騷校釋，台北中華大典編印會出版，民國五十八年，第五十六頁。

註一五　屈賦通箋卷一頁七云：「此說亦非」。

註一六　史記呂后紀云：「四年，封呂嬃爲臨光侯」漢書高后紀所載略同。樊噲傳云：「噲以呂后女弟呂須爲婦。……子伉嗣。而伉母呂須亦爲臨光侯」。吳興祚史記論文云：「寫呂嬃權術竟高與高后一樣」。

註一七　見「離騷『女嬃之嬋媛兮』新釋」，大陸雜誌第三十一卷第十一期，一九六五年。此文附錄於何氏屈原離騷研究一書，第一二三至一二八頁。

註一八　參見註六、註十六所引各書。

註一九　見屈原離騷研究第一二七頁。

註二〇　見楚辭論文集，上海，文藝聯合出版社，一九五五年，第 197 — 198 頁。

註二一　見屈原離騷研究第一二五頁。

註二二　見張壽平離騷校釋第五十六頁引。

註二三　見同上註引。

註二四　見屈原離騷研究第一二七頁。

註二五　見上註十三所引蘇文。

三、說「嬋媛」

一

「嬋媛」一詞，楚辭凡六見。列舉如下：

(1)離騷：「女嬃之嬋媛兮，申申其詈予」；

(2)九歌湘君：「女嬋媛兮爲余太息」；

(3)九章哀郢：「心嬋媛而傷懷兮」；

(4)九章悲回風：「忽傾寤以嬋媛」；

(5)七諫哀命：「念女嬃之嬋媛兮」；

(6)九歎思古：「心嬋媛而無告兮」。

說文女部「嬃」字引離騷此詞作如字。惟集韵與韵會七「虞」，「嬃」字下引說文此條「嬋」並作「蟬」。從「虫」不從「女」。洪興祖楚辭補注、朱熹楚辭集注。錢杲之離騷集傳（知不足齋叢書本，卅三叢書本）皆引一本作撣援」。從「手」不從「女」。而錢傳隨庵叢書本則引一本作「禪援」。從「示」不從「女」。疑係「撣」字之形譌。白帖、合璧事類前集二六並引「媛」作「娟」。事文類聚後集十一引「嬋媛」作「娟娟」。張亨離騷輯校云：「誤並同」。案「嬋媛」作「娟娟」固誤矣。謂作「嬋娟」亦誤，則有可議。文選左思吳都賦「檀欒嬋娟，玉潤碧鮮」，六臣注：「檀欒嬋娟皆美貌」。說文：「媛，美女也」。玉篇同。玉篇卷三又云「嬛，於緣切。美女也；娟，於緣切。嬋娟也」。毛際盛說文新附通誼云：「娟卽嬛字也。又楚詞王逸注嬋娟猶牽引也」。〔註一〕據此，則「嬋媛」亦卽「嬋娟」。〔註二〕是六朝以來「嬋媛」已通作「嬋娟」。然現存楚辭各本則皆作「嬋媛」也。文選卷廿三謝玄暉同謝諮議銅爵台詩「嬋媛空復情」下善注引九章哀郢云：「心嬋媛而傷懷兮。王逸曰：嬋媛，牽引也」。又唐寫文選集註殘本及其所引公孫羅音決亦並作「嬋媛」。是唐人所見本「嬋媛」一詞之正文與注文已作如字也。雖然，九章悲回風「忽傾寤以嬋媛」洪氏考異引一本作「擅徊」。朱氏集注亦引一本作「儃徊」。惟朱氏曰：「非是」。據此，則洪氏所見作「擅徊」者亦非是矣。

二

至於「嬋媛」一詞之義訓，注家各殊。

離騷、九歌湘君、九章哀郢與九歎思古所謂「嬋媛」，王逸俱釋爲「牽引」。七諫哀命之「嬋媛」王氏無注，惟曰：「已解於離騷經」。言外之意，亦以「牽引」爲訓。而所謂「牽引」，王氏又云：「言女嬃見己施行不與衆合，以見放流，故來牽引數怒重詈我也」。文選五臣翰曰：「言我行不合時，故牽引古事而罵詈我」。朱注初亦不離王意甚遠：「嬋媛，眷戀牽持之意」。嗣於楚辭辯證上又云：

「騷經女嬃之嬋媛，湘君女嬋媛兮爲余太息，哀郢心嬋媛而傷懷，悲回風忽傾寤以嬋媛。詳此二字，蓋顧戀留連之意。王注意近而語踈也」。〔註三〕朱氏所謂「意近而語踈」者，蓋指王氏訓騷經、湘君與哀郢之「嬋媛」爲「牽引」，而釋悲回風之「嬋媛」爲「心覺自傷而又痛惻也」。其語固踈矣，其意則未必近也。尤以「牽引」爲勉强。王氏蓋讀「嬋媛」爲「撣援」。並援「撣援」意爲訓。往往流於牽强。如九歎思古「心嬋媛而無告兮，口噤閉而不言」王注云：「閉口爲噤也。言己愁思心中牽引而痛，無所告語，閉我之口，不知所言，衆皆佞僞，無可與謀也」。「心嬋媛」者，「言己愁思，心中而痛」已足矣，何必更「牽引」之？如九章悲回風「忽傾寤以嬋媛」王注云：「心覺自傷又痛惻也」，亦不涉「牽引」也。沈祖綿屈原賦證辯（上卷第十三頁）云：「楚辭屢言嬋媛，王注以牽引釋之，非也。牽引猶攀援，與下文申申其詈余義不相屬」。姜亮夫屈原賦校注亦云：「女嬋媛，蓋言女嬃痛惻婉轉陳辭，蓋有面柔口柔之意」。沈、姜二氏說是。近人王泗原雖贊同朱說，然猶泥於王注而牽合之。其言曰：「王逸說：『嬋媛猶牽引也』。又說：『儃佪猶低佪也』。牽引低佪是心意或行動的牽挂留連。所以朱熹說：『詳此（嬋媛）二字，蓋顧念留連之意』。又比較哀郢『心嬋媛而傷懷兮』與東君『心低佪兮顧懷』，知嬋媛確卽低佪」。

錢杲之離騷集傳云：「嬋媛，淑美貌」。非是。王夫之楚辭通釋云：「嬋媛，婉而相愛也」。對原姊言，雖合情理，恐非屈子之本義。〔註四〕林雲銘楚辭燈云：「嬋媛，柔態牽戀之貌」。此調和兩王之訓而一之之詞也。陳本禮屈辭精義云：「嬋媛，賢淑貌」。此涉水經注「屈原有賢姊」語而附會之。朱駿聲離騷補注云：「嬋，當作嬗，讀爲撣；媛，讀爲援。疊韵連語，猶扶狀也」。此傳王注「牽引」之訛也。劉永濟屈賦通箋云：「按王訓嬋媛爲牽引，疑王本同一本作撣援。不知形狀之詞，義取於聲，從手從女，初無分別嬋或從亶，作嬗；或延虫，作蟬。媛或從素，作緩；或從月，作娟，皆舒徐姸冶之意也」。劉氏謂形狀之詞，義取於聲，固是也。然釋「嬋媛」爲「舒徐姸冶之意」，則又望從女之文爲訓，未有實據。何錡章屈原離騷研究（第一二三頁）亦云：「劉氏釋嬋媛爲舒徐姸冶，則非。亦未得其意」。

聞一多楚辭校補「女嬃之嬋媛兮」條下云（註五）：「案嬋媛當從一本作撣援。說文曰『嘽，喘息也』，『喘，疾息也』，『欳，口氣引也』，喘欳一字。喘緩言之曰嘽咺。方言一曰：『凡恐而噎噫，……南楚江湖之間曰嘽咺』廣雅釋詁二曰：『嘽咺，懼也』。案喘訓疾息，噎噫亦疾息之謂，（詩黍離傳『噎，憂不能息也』，說文『噫，飽食息也』。）故亦謂之嘽咺。撣援卽嘽咺，（呂氏春秋貴直篇狐援，齊策作狐咺。）亦卽喘。喘息者氣出入頻促，如上下牽引然，故王注訓撣援爲牽引，說文亦訓欳爲口氣引也。唯方言廣雅以嘽咺爲恐懼，似不足以該嘽咺之義。凡情緒緊張，脈搏加疾之時，莫不喘息，恐懼特其一端耳。本篇曰『女嬃之撣援兮，申申其詈予』，此怒而喘息也。九歌湘君曰『女撣援（舊本字皆從女，今正。下同。）兮爲余太息』，九章哀郢曰『心撣援而傷懷兮』，九歎思古曰『心撣援而無告兮』，（口之喘息由於心之跳動，故又曰心撣援。）此哀而喘息也。悲回風曰『忽傾寤（……）撣援』，此驚而喘息也。然喘息謂之撣援，其義旣生於牽引，則字自當從手。學者徒以離騷九歌之撣援者，其人皆女性，遂改從女，至他篇言撣援之不指女性者，字亦皆變從女，不經甚矣。若白氏六帖一九，曹秋岳鈔本郘氏聞見後錄二六引本篇並作嬋娟，則直以爲女子好貌，信乎大道多歧而亡羊也」。胡小石亦云：「嬋媛卽嘽咺也。凡爰從宣之字多互假——諼詐字作諠，楥亦作楦，煖亦作暄，說文藧或作萱」。〔註六〕廣雅釋訓：「撣援、牽引也」。王念孫疏證云：「撣之言蟬連，援之言援引，皆憂思相牽引之義也」。佘雪曼離騷正義云：「嘽咺、嬋媛、撣援，並疊韵連語，義得互通。復按說文『嘽，喘息也』，（注引小雅傳曰：嘽，喘息也。馬勞則喘息），一日『喜也』。（按喜甚亦喘息）。方言一：『咺，痛也，凡哀泣而不止曰咺（說文：朝鮮謂兒泣不止曰咺）。』準上所引，凡因痛泣喜懼而喘息者，皆可謂之嘽咺。蓋喘息之時，心臟跳動，呼吸迫蹙，若有物牽引者然，故其字從口。撣援、嬋媛皆由聲衍，此參校古籍可得而言者也」。

何錡章亦持類似之論。惟以「嬋媛」爲「憚愋」。其言曰：「以余考之，嬋媛、撣援，同爲憚愋之同音通假字，蓋皆從單、爰得聲故也。憚愋，說文：「憚，忌難也。從心，單聲。一曰難也」。又云：「勞病也」。本作癉。或從心」。增韵：『畏也』。又韵會：『驚怛也』。按憚字亦作怛，廣韵：「怛，悲慘也』增韵：『驚也、懼也』，禮儒注釋文：『怛，驚怛也』。卽詩齊風：『勞心怛怛』及詩陳風：『中心怛兮』之怛。前漢書引詩，字又作『⿱制心』，蓋制古與單、旦音同，亦用之作爲此字之聲符，三字實一形異義同之形聲字。心中驚憂貌，字亦作憻，義同。愋，玉篇：『恨也』。（愋，通作諼玉篇釋愋：當爲誤釋諼字之義）。連言之曰『憚愋』，心中驚懼憂恨貌。嬋媛，卽憚愋，楚辭中數見，哀郢：『心嬋媛而傷懷兮』，最易見出嬋媛卽嘽嗳假字，其義確爲心中驚懼憂恨貌」。

綜觀聞、胡、佘、何諸氏之論，均言之成理，持之有故，且有文獻可徵。其所據資料容或有異，然所達結論大體略同。所謂殊途而同歸者也。不外喜怒、哀痛、驚懼、憂泣、勞恨等感情之狀詞，以及由此等情緒變化所引起之喘息。其字則爲說文、方言所載之「嘽咺」與「喘欨」。劉氏永濟謂此等形狀之詞，取義於聲，從手從女，初無分別。姜氏寅清亦以嬋媛與撣援乃聯綿字，義存于聲；以其從「手」，故曰牽引；後人因所指爲女嬃之態，遂改從女。而朱注則以爲眷戀牽持。其實皆不必鑿求其義也。聞匡齋則咎學者徒以離騷九歌之撣援者，其人皆女性，遂改從女，乃至他篇撣援之不指女性者，字亦皆變從女云云，其說「不經甚矣」。〔註七〕要而言之，「嬋媛」、「撣援」、「嘽咺」既爲一詞之異體，自不必强同聞氏所謂：「嬋媛當從一本作撣援」，亦卽現傳楚辭各本「嬋媛」二字之不譌也。

【註釋】

註一　鈕樹玉說文新附考云：「按離騷『女嬃之嬋娟兮』，王注嬋娟猶牽引也。洪補云：『嬋娟一作撣援』。」據此，則淸人所見楚辭似有作「嬋娟」之本。惟未悉所引係何本。

註二　玉篇卷三云：「嬋，市然切，嬋媛也；娟，於緣切，嬋娟也」。「嬋媛」卽「嬋娟」。又說文新附：「嬋，嬋娟，態也。從女，單聲；娟，嬋娟也。從女，肙聲」。

註三　此外，九章悲回風「忽傾寤以嬋媛」，朱注亦云：「嬋媛，已見前，大率悲感流連之意也」。

註四　佘雪曼離騷正義亦云：「餘如蔣驥以嬋媛爲眷戀，錢杲之以爲淑女，王夫之以爲婉而相愛，不幾於牽合字義，而失其本誼乎」？華案蔣氏「眷戀」之訓蓋本諸朱註。

註五　聞氏「離騷解詁」一文中所說同。

註六　見佘雪曼離騷正義第一百頁引。

註七　誠如上述，六朝、唐人所見之楚辭，其字已作嬋媛；現存各本字亦皆從女。未知聞氏「皆變從女」說何所據而云然？

陸、淮南王劉安「離騷傳」辯

一

兩漢爲經學的極盛時代，（註一）也是楚辭學的前所未有的極盛時代。儘管楚辭沒有能夠成功地擠進當時的六藝之林，抑或贏得一介所謂「博士」的經師之官。但是經師們確曾做過要把楚辭中的屈原作品尊之爲經的努力。例如西漢淮南王劉安將他所著有關屈原離騷的作品稱爲離騷傳，即有釋字解經之本義與用義。又如東漢王逸楚辭章句首稱：「離騷經第一」，亦卽本於漢人尊經之旨。（註二）不但如此，連班固、賈逵所作解釋離騷的傳註，也被稱爲「離騷經章句」。（註三）雖然，近代有些學者對劉安所作的離騷傳表示異議。認爲離騷傳與屈原的懷沙賦，（註四）或是離騷賦等作品（註五）原相類似，乃是一篇創作的「賦」，而非解釋離騷的「傳」。（詳見下文）。實則這些疑議，都是由於「傳」，「傅」二字形近訛誤，以及「傅」，「賦」二字同音通假義之誤用而起，原爲一種莫須有的疑誤，本文寫作主旨，就在澄清這一疑點，並進而證明劉安所作確爲離騷傳，而非離騷賦。

二

原來楚辭一書，盛行於兩漢，尤其顯貴於武宣之際，並不是偶然的事，而是有其遠因與近因的。遠因是充滿着「怨恨懷王，諷刺椒蘭」（王氏章句離騷敍語），以及熱愛祖國感情的屈原的文學作品所產生的影響，其後果，便是鼓起了楚國人民同仇敵愾的情緒，以及「楚雖三戶，亡秦必楚」的決心進而引起了秦漢之際楚國人民的反秦復楚運動。實際上這等於領導了一次人民革命，替楚國人民報了一次奇恥巨仇。（註六）果然楚亡之後不過十餘年，以陳勝爲首的楚國農民，就紛紛起義，以復楚爲號召，後來劉邦、項羽等也參與鬥爭，終於把秦國推翻了。由此可見劉、項之爭，不過是楚國人民領導層之間的內部鬥爭；而漢高祖劉邦的奪取政權，實際上是楚人「三戶亡秦」的理想實現。（註七）而這些楚國人民的領袖，無不深受屈原愛國主義精神的感召，愛好楚辭楚歌的。（註八）楚國的人民，爲了發洩他們對虎狼之秦的敵愾同仇之恨，也無不高唱楚歌的（註九）。楚歌與楚辭在秦漢之際的普遍流行，正是楚國人民要亡秦復楚的心聲之反映。凡此種種，歸根結柢，都是屈原作品所種下來的根苗。

至於楚辭盛行於兩漢的近因，主要是由於上有時君的雅好，下有學士的誦讀，更有因爲楚辭而貴顯於朝的。這樣，上行下傚，於是便蔚成空前熱鬧的風氣。（註一〇）

三

漢初諸帝王之中，武帝愛好文藝，尤其喜愛楚辭。爲要精讀離騷，還詔令淮南王劉安爲他特作一篇離騷傳。（註一一）漢書淮南王安傳云：「時武帝方好藝文，以安屬爲諸父。辯博，善爲文辭，甚尊重之。……初，安入朝，獻所作內篇新出。上愛秘之。使爲離騷傳。旦受詔，日食時上。」顏師古註云：「傳謂解說之，若毛詩傳」。王逸楚辭章句離騷叙曰：「至於孝武帝，恢廓道訓，使淮南王安作離騷經章句，則大義粲然。後世雄俊，莫不瞻慕。舒肆妙慮，纘述其辭。逮至劉向，典校經書，分爲十六卷。孝章卽位。深弘道義。而班固賈逵，復以所見，改易前疑，各作離騷經章句，其餘十五卷。闕而不說」。所謂「離騷經章句」，正是離騷傳。隋書經籍志云：「始漢武帝命淮南王爲之章句，旦受詔，食時而奏之。其書今亡。」可見名稱雖然不同，實則本爲一書。一如上述，「經」字乃王逸本漢人尊經之旨，特爲附加者。洪興祖楚辭補注說得好：「古人引離騷，未有言經者。蓋後世之士，祖述其辭，尊之爲經耳。非屈原意也。逸說非是」。而「章句」乃兩漢及其以前經師們註解、分析古書之章節句讀之作，也卽是解經釋字之「傳」。漢書藝文志「歐陽章句三十一卷」條下王先謙補註引沈欽韓曰：「章句者，經師指括其文，敷暢其義，以相教授。左宣二年傳疏，服虔載賈逵鄭衆或人三說，解叔牂曰。子之馬然也。此章句之體。……章句各師具有，煩簡不同耳」。又「傳四十一篇」條下補註引鄭叙云：「張生、歐陽生、從伏生學，數子各論所聞，以己意彌縫其闕，別作章句。又特撰大義，因經屬指，名之曰傳」。大義卽指尙書歐陽章句，尙書大傳。此外又如春秋公羊傳、穀梁傳之外，又有公羊章句三十八篇，穀梁章句三十三篇等是。但漢書淮南王安「使爲離騷傳」下補注引王念孫讀書雜志曰：「傳當爲傳。傳與賦，古字通。……使爲離騷傳者，使約其大旨而爲之賦也。安辯博善爲文辭，故使作離騷賦。下文云：安又獻頌德及長安都國頌。藝文志有淮南王賦八十二篇，事與此並相類也。若謂使解釋離騷傳，則安才雖敏，豈能旦受詔，而食時成書乎？漢紀孝武紀云：上使安作離騷賦，旦受詔，食時畢。高誘淮南鴻烈解序云：詔使爲離騷賦，自旦受詔，日早食已。此皆本於漢書。御覽皇親部十六引此，作離騷賦，是所見本與師古不同」。王念孫的異議，乍看似有理。然而細究起來，未免牽强。須知「傳」與「賦」，儘管古字可通，但在楚辭一書，絕不可通；史遷與孟堅筆下，也從未通用。若有的話，則僅有「傳」字誤作「傳」字之例而已，却無「傳」作「賦」，或「傳」作「賦」一如王念孫所指之事。

先說楚辭一書，其中所用「傳」、「賦」、「傳」三字，辭意甚明。不論是屈原、宋玉，乃至漢人如王逸的作品，都從未通用。例如「傅」字，楚辭一書凡五見。

(1)說操築於傅巖兮。（離騷）

(2)奇傅說之託辰星兮。（遠遊）

(3)呂傅舉兮殷周興。（九思：逢尤）

(4)百賀易兮傅賣。（九思：傷時）

⑸就傳說兮騎龍。（九思：守志）

以上例⑴中之「傳」字乃地名：傅巖；而例⑵、⑶、⑸中之「傳」字則是人名：傅說。他是殷高宗武丁的賢相。至於例⑷中的「傳」字，則顯然是「傅」字之誤。案王逸九思傷時「管束縛兮桎梏，百貿易兮傳賣」一語原來出自淮南子。脩務訓云：「百里奚轉鬻，管仲束縛」，卽是。王逸引用百里奚「自知虞公不可諫而去轉行自賣於秦，爲穆公相，而秦興也。」（高誘注語：洪興祖楚辭補注引此略同）的典故時，改「轉鬻」爲「傳賣」，原爲兩可，因「鬻」、「賣」乃古今字，故詞意亦無別。正如洪補所云：「傳亦有轉音」。惟以「傳賣」與「傅賣」形近，後世書手乃誤作「傅賣」。這就是楚辭另一版本的根據。因而洪補曰：「傳，一作傅」。劉師培楚辭考異卷第十七考異云：「案作傳是」實則原文應當作「傳」。可惜現存楚辭各本多誤。

再說「賦」字，楚辭一書凡三見。如下：

⑴竊賦詩之所明。（九章：悲回風）

⑵同心賦些。（招魂）

⑶投詩賦只。（大招）

以上例⑴、⑵中之「賦」字屬動詞。王逸楚辭章句所謂：「鋪也；誦也」，卽是。釋名云：「敷布其義謂之賦」；漢書藝文志云：「不歌而誦謂之賦」，則是「賦」字意義的演繹。至於例⑶中的「賦」，顯然是個名詞。王註云：「詩賦，雅樂也」。亦猶漢書藝文志「六藝略」中的「詩賦略」。楚辭一書之中，「傳」、「賦」二字絕不混糅，詞義也從不通假。

又如「傳」字，楚辭中也有三見。

(1)傳芭兮代舞。(九歌．禮魂)

(2)誰傳道之。(天問)

(3)不可傳(遠遊)。

以上各例中之「傳」字，都只有「轉授」，或「輾轉傳述」一個意思，毫不隱晦。屈原筆下，也未曾與「傅」字混過。只有上述「轉鬻」、「傳賣」，今本誤作「傅賣」而已。

至於「傳」與「賦」，儘管古字相通。但在太史公司馬遷與班固的筆下，却從未通用。例如史記屈原賈生列傳云：

「乃作懷沙之賦。……屈原既死之後，楚有宋玉、唐勒、景差之徒者，皆好辭而以賦見稱。……賈生既辭……及渡湘水，爲賦以弔屈原。……乃爲賦以自廣。……傅說胥靡兮，乃相武丁。……拜賈生爲梁懷王太傅。……故令賈生傅之。……賈生自傷爲傅無狀，哭泣歲餘，亦死。……讀服鳥賦，同生死，輕去就，又爽然自失矣」。

從上舉文字看來，太史公在一篇之中，同時應用了五個「賦」字與四個「傅」字，不論是用作名詞或動詞，個個都詞義明順，沒有淆混的。班固漢書，鈔引史記處不少。對於「賦」，「傅」二字的應用，亦一仍史遷的慣例。如太史公報任安書「屈原放逐，迺賦離騷」一語，班固漢書司馬遷傳直鈔不誤。又如漢書賈誼傳云：「以誼爲長沙王太傅。……及渡湘水，爲賦以弔屈原。……。作離騷賦。……誼爲長沙傅，三年……乃爲賦以自廣。……傅說胥靡，迺相武丁。……拜誼爲梁懷王太傅……故令誼傅之。……漢所置傅相……漢之傅相。……矯僞者出幾十萬石粟，賦六百餘萬錢。乘傳而行郡國。……周公爲太傅。……傅，傅之德意，少保，少傅，少師，是與太子宴者也。……退習而考於太傅。太傅罰其不則。……免於保傅之嚴。」其中用了十四個「傅」字，四個「賦」字，與一個「傳」字。而「傅」，「賦」二字命意明晳，絕不糢糊；「傳」字在此，意思是「傳車」，也不能跟「傅」或「賦」字通假。實際上班固在漢書裏，尤其是有關楚辭、屈原的作品，或是漢賦，也從未用過它們的通假義。他稱屈原的作品爲「賦」（註一二）稱宋玉、唐勒的作品爲賦，（註一三）乃至於漢人的作品，包括淮南王劉安所作的，他都稱爲賦。（註一四）當然，關於楚辭的代表作，也卽是屈原最重要的作品——離騷，他也一字不苟，非常認眞、謹愼地稱爲「賦」（註一五），但是對於旁人，如淮南王劉安、揚雄等人所作有關解釋、評述離騷的作品，他却稱爲「傳」、「反」，或是「廣」等，絕不稱「賦」的。（註一六）

上文曾經說過：東漢王逸稱屈原所作離騷爲「經」，稱他自己所作的「注釋」爲「章句」，稱淮南王安、班固和賈逵等人所作的「說解」也是「章句」。（註一七）叔師乃東漢一代有名的經師，也是楚辭第一位大學者。他博觀群書，又「稽之舊章」，「合之經傳」（註一八），而後才作了楚辭章句十六卷一書，當然親眼見過劉安、班固和賈逵等人所作的章句。否則，他沒法作出「大義粲然」、「其餘十五卷，闕而不說。又以壯爲狀，義多乖異，事不要括」等，這麼具體，肯切的品評。

其后劉勰文心雕龍辨騷篇還引用淮南王安「離騷傳」中的一段話來評述屈原離騷之文。他說：「昔漢武愛騷，而淮南作傳。以爲『國風好色而不淫，小雅怨誹而不亂。若離騷者，可謂兼之。蟬蛻穢濁之中，浮游塵埃之外，皭然涅而不緇，雖與日月爭光可也』。」游國恩說得好：「辭賦的唯一條件必有韵。既是離騷賦，自然也與賈馬諸人的賦無異；但自屈傳『國風好色而不淫』至『雖與日月爭光可也』一段看來，既沒有韵，又不像賦體，而且很像『序贊』和『通釋』的體裁；所以從文字上也不能證明他作離騷賦」。（註一九）這是就事論事的中肯之談。從文體上說，劉安的離騷傳根本不是「賦」。游氏又說：「至於王氏（卽念孫）疑他旦受詔而食時成書，未免太快。其實他的所謂『傳』，不過是批評式的傳贊，而非傳註。大概也與班固的離騷贊序一樣，故不消費許多工夫」（註二〇）。游氏的解釋，自然有理。但我們這兒還可以補充一個解釋。由於「淮南王安是漢初研究屈原作品最有成就的人」（註二一）他在研究楚辭之後，誦讀離騷之餘，平時必有圈點、批註與評述之作。可能在未「旦受詔」之前，經已積稿盈笈。一旦受詔，他卽刻退朝回家整理有關離騷傳的舊稿，到「日食時」入朝呈上，有何不可？王念孫也未免太多疑了。據悉王師叔岷已有此說在先。茲承見告，可說是不謀而合。

至於王念孫所擧的另一個有關根本上的證據，卽是荀悅漢紀孝武紀和高誘淮南鴻烈解叙，以及太平御覽皇親部十六都作離騷賦的問題，游國恩也詳釋得合情合理。他說：「若說他們所根據的漢書本子要比顏師古早，那末王逸所見的不更比荀悅早嗎？（御覽自然是根據高荀二書引的）。且離騷序與漢書同一作者，他也說淮南王安作離騷傳，更可證明漢書的『傳』字不誤。（我想，高叙本來也是『傳』字，後因傳寫者誤爲『傳』字，俗人未見漢書，疑爲不可解，遂改『傳』爲『賦』，好事者更據之以改漢紀）。所以從板本不能證明劉安作離騷賦」（註二二）。高叙原作「傳」，傳寫者誤作「傳」，當然是很有可能的。試再看高誘淮南子注叙云：

「初，安爲辨達，善屬文，皇帝爲從父。數上書召見。孝文皇帝甚重之。詔使爲離騷賦。自旦受詔，日早食已。上愛而秘之」。（註二三）

從上引文字看來，叙文顯然犯上了一個嚴重的錯誤。那就是把孝文皇帝與劉安的叔侄關係，輩份誤倒了。漢書淮南王安傳明明說：「時武帝方好藝文，以安屬爲諸父」。顏師古註云：「安於天子服屬爲從父、叔父」。劉安既然是（本來就是）漢武帝的從父、叔父輩，怎能又是孝文帝的從父呢？又據淮南王安傳，使劉安爲離騷傳的是孝武帝，不是孝文帝，叙文怎能熟視漢書爲無睹，竟瞎說是：「孝文帝甚重之。詔使爲離騷賦」呢？這麼重大的事體居然好事的俗人也弄錯了，那末小小一個「傳」字，涉屈原的「離騷賦」而訛作「賦」，當然是更有可能的了。可見高誘淮南鴻烈解叙的可靠性，（至少是對淮南王安作離騷傳這個問題的可靠性），頗有問題，不足信據。

此外，楊樹達也從文體的觀點來探討，認定劉安所作有關離騷的作品是「傳」，而不是「賦」。他說：「古人所謂傳者有二體：詳釋文字名字若毛公之於詩，此一體也；其他一體，則但記述作意，而不專解釋文字名物。何以明之？文選卷五十一載王褒四子講德論序云：『褒既爲益州刺史，王襄作中和樂職宣布之詩，又作傳，名曰四子講德以明其意焉』。褒傳亦云：『褒既爲刺史作其傳』。四子講德論但明作意，非解釋文字，亦稱曰傳，傳不專爲解釋名物之稱明矣。班固離騷序云：淮南王安叙離騷傳，以國風好色而不淫云云。又文心雕龍辨騷篇云：昔漢武愛騷而淮南作傳，以爲國風好色而不淫，雖與日月爭光可也。所引卽是傳文，與四子講德論文體略同，並非賦體，具有明證也。荀，高不得其詳，改傳爲傅；王逸又云：『武帝使安作離騷經章句』，皆誤解傳字之體裁耳。按馬瑞辰毛詩傳箋通釋毛詩詁訓傳名義考云：『詁訓第就經文所言者而詮釋之，傳者並經文所未言者而引伸之，此詁訓與傳之別也』。」（註二四）

楊樹達的論見，可以補足上述游國恩「既然沒有韵，不像賦體」之說，兩說可謂相得益彰。所以范文瀾頗許爲「楊君說自是精當」。范氏又說：「班固離騷序謂安說五子爲伍子胥，似亦作傳而非作賦。本書（卽文心雕龍）神思篇云：『淮南崇朝而賦騷』，彥和不應先後矛盾。疑淮南實爲離騷傳，略舉其訓詁，而國風好色而不淫云云，是安所作傳之叙文。班固謂淮南王安叙離騷傳，是其證。東京以來，漢書傳本有作傅者，有作傳者，彥和兩採而用之耳」。（註二五）范氏以爲「國風好色而不淫云云」這一段，是淮南王安所作離騷傳的叙文，見解新穎。但又認爲東漢以來，漢書傳本有作「傳」與作「傅」二種，劉勰同時採用，致有這樣先後的矛盾。關於這點，上文經已述及。

「傅」字可能是因與「傳」字形近而誤。作「傅」之板本不可靠。劉師培楚辭考異也說是：「作傳是」。此外，根據孫詒讓的說法，彥和神思篇「淮南崇朝而賦騷」一語，並非採自漢書，而是本自高誘淮南子序。又認高誘所說是對的。（註二六）這就頗有可議了。須知上文經已辨證：高誘淮南鴻烈解叙所說有關孝文皇帝詔使淮南王安作離騷賦那段話，犯上了嚴重的錯誤，不可信據。而今大儒孫氏竟說是：「得之」，也未免太過輕率大意了。不但如此，孫氏本人對於淮南王安所作，究竟是離騷賦？或是離騷傳？原是模稜兩可，前後矛盾的。試看他在札迻卷十二「日勉陞降以上下兮，求榘矱之所同」條下怎麼說？他說：「淮南子氾論訓云：『音有本主於中，而以知榘矱之所周者也』。淮南王嘗爲離騷傳。氾論所云，必此本文」。既然認爲淮南王安嘗作過離騷傳，而且還十分肯定淮南子氾論訓這話是離傳的原文。何以又說：「高說得之」呢？可見孫詒讓札迻的話同樣是不可信據的。又文心雕龍神思篇「淮南崇朝而賦騷」一語，王師叔岷云：「天中記」三七引賦作注，疑臆改。」又云：「注字改得對。」（註二七）。

基於以上的考察、探討與論證，我們認定淮南王劉安所作的離騷傳，確實是一種解經，釋字，與記述作意的作品，不是一篇創作的辭賦之「賦」。儘管淮南王安本人曾經作過八十二篇的賦，（縱使其中也有一篇名叫「離騷賦」的。但這是不可能的，已見上文）他的幕僚也曾作過很多的賦，但是實事求是，就史記屈原列傳，班固離騷序以及文心雕龍辨騷篇所引尚存的原文觀之，其文體明爲「傳」而非「賦」。所以，對於淮南王劉安所作的離騷傳，我們仍須依據班固漢書淮南王安傳，離騷序，王逸楚辭章句離騷叙，以及劉勰文心雕龍辨騷篇等傳統的舊說，確信不疑。其他後起的異說，通假的誤用，以及矛盾的詭辭、都不可取。

【註釋】

註一　據班固漢書藝文志所載，其時六經之學（亦稱六藝），凡七十家；六藝之文，多達二千七百九十篇。計開：凡易十三家，二百九十四篇；凡書九家，四百一十二篇；凡詩六家，四百一十六卷；凡禮十三家，五百五十五篇；凡樂六家，一百六十五篇；凡春秋二十三家，九百四十八篇。倘若連同論語十二家，二百二十九篇；孝經十一家，五十九篇，以及小學十家，四十五篇合計在內，則有漢一代，六經之學多達一百三家，而有關六藝之文，共有三千一百二十三篇之多。

註二　雖然此舉洪與祖已斥爲「非是」。他的楚辭補註云：「古人引離騷，未有言經者。蓋後世之士，祖述其辭，尊之爲輕耳。非屈原義也。逸說非是」。

註三　參見王逸楚辭章句離騷敘。

註四　史記屈原列傳云：「乃作懷沙之賦」。

註五　班固漢書賈誼傳云：「屈原，楚賢臣也。被讒放逐，作離騷賦」。又地理志下云：「始楚賢臣屈原，被讒放流，作離騷諸賦，以自傷悼。」顏師古註曰：「諸賦，謂九歌，天問，九章之屬。」

註六　參見聞一多：「人民的詩人——屈原」（神話與詩，P P．259-261；或聞一多全集㈠。

註七　參閱游國恩楚辭論文集，一九五五年，P．281；朱東潤：「楚歌及楚辭」（楚辭研究論文集，一九五七年，PP. 365-367。）

註八　漢書禮樂志云：「凡樂樂其所生。禮不忘本。高祖樂楚聲，故房中樂楚聲也。」「楚聲」，游國恩屈原（PP. 25-86））認爲是當時人們用來誦讀楚辭的一種聲調。史記留侯世家云：「戚夫人泣，上曰『爲我楚舞，吾爲若楚歌』。歌曰：『鴻鵠高飛，一擧千里。羽翮已就，橫絕四海。當可奈何！雖有矰繳，尙安所施，』歌數闋」。原來戚姬是故楚定陶人，故能跳楚舞高祖則唱楚歌以伴和。史記項羽本紀云：「項王則夜起，飲帳中，有美人名虞，常幸從；駿馬名騅，常騎之。於是項王乃悲歌慷慨。自爲詩曰：『力拔山兮氣蓋世，時不利兮騅不逝騅不逝兮可奈何！虞兮虞兮，奈若何！』歌數闋，美人和之」。可見楚霸王本人不僅能唱楚歌，還能寫作近於楚辭九歌體的楚詩。

註九　史記項羽本紀云：「項王軍壁垓下，兵少，食盡，漢軍及諸侯兵圍之數重。夜聞漢軍四面皆楚歌，項王乃大驚曰：『漢皆已得楚乎？是何楚人之多也』」？此處漢軍所唱楚歌，雖然不是發洩憎秦之憤，但也可由此見出楚歌普遍流行於軍中的一般情形。

註一〇　史記酷吏列傳云：「始長史朱買臣，會稽人也。讀春秋。莊助使人言買臣。買臣以楚辭與助俱幸侍中。爲太中大夫，用事」。漢書朱買臣傳云：「會邑子嚴助貴幸，荐買臣。召見，說春秋，言楚詞，帝甚悅之。拜買臣爲中大夫，與嚴助俱幸侍中。」漢書地理志云：「而吳有嚴助，朱買臣貴顯漢朝，文辭並發，故世傳楚辭，其失巧而少信」。漢書王褒傳云：「宣帝時，修武帝故事，講論六藝群書，博盡奇異之好，徵能爲楚辭，九江被公，召見誦讀。」後漢書皇后紀云：「明德馬皇后……能誦易，好讀春秋、楚辭，尤善周官、董仲舒書。」桓譚新論云：「余少時學，好離騷。博觀他書，輒欲反學」。北堂書鈔卷九十七頁五引此作：桓譚好離騷」。

註一一　劉勰文心雕龍辨騷篇云：「昔漢武愛騷。而淮南作傳。」

註一二　漢書藝文志云：「屈原賦二十五篇」；又地理志云：「始楚賢臣屈原，被讒放流，作離騷諸賦」。

註一三　漢書藝文志云：「唐勒賦四篇，宋玉賦十六篇」。

註一四　漢書藝文志云：「賈誼賦七篇，枚乘賦九篇，司馬相如賦二十九篇，淮南王賦八十二篇，淮南王群臣賦四十四篇，劉向賦三十三篇，王褒賦十六篇，嚴助賦三十五篇，朱買臣賦三篇，司馬遷賦八篇，楊雄賦十二篇等，總共七十八家，一千零四篇。」

註一五　漢書賈誼傳云：「屈原，楚賢臣也。被讒放逐，作離騷賦」。又地理志云：「始楚賢臣屈原，被讒放流，作離騷諸賦」。

註一六　班固離騷序云：「昔在孝武，博覽古文，淮南王安，叙離騷傳。以爲國風好色而不淫，小雅怨誹而不亂，若離騷者，可謂兼之」。漢書淮南王安傳云：「安入朝……使爲離騷傳。旦受詔，日食時上」。漢書楊雄傳云：「迺作書，往往摭離騷文而反之。自岷山投諸江流，以吊屈原。名曰反離騷。又旁離騷，作重一篇，名曰廣騷。又旁惜誦以下，至懷沙一卷，名曰畔牢愁。畔牢愁，廣騷，文不多載。獨載反離騷」。

註一七　楚辭章句離騷叙云：「至於孝武帝，恢廓道訓，使淮南王安作離騷經章句，則大義粲然。……孝章卽位，深弘道藝，而班固賈逵，復以所見，改易前疑，各作離騷經章句。其餘十五卷，闕而不說。又以壯爲狀，義多乖異，事不要括」。

註一八　見同上註。

註一九　見楚辭概論第二七八頁。

註二〇　見同上註。

註二一　參見南洋大學學報創刊號（一九六七）所載李寶強：「遠游篇作者問題商榷」一文。李文云：「史記的屈原列傳中，還援引了一大段淮南王安批評離騷的話語，貼切不偏，推崇備至，可說是屈原的知心，楚辭的知己。同時，他又創作一篇『離騷賦』，想來對於屈原的身世和作品，他是有過深切透徹的瞭解的；由於這種深切瞭解屈原的心情，推而同情屈原的遭遇，惋惜屈原的不幸，崇奉而發揚屈原作品的心理，我們也是不難可以推斷的」。（第七九頁）從文字表面上看，李君所給我們的印象似乎是：史記屈傳中所援引的批評離騷的那一大段話語，跟他同時又創作的那一篇「離騷賦」，原是兩篇不同的東西。這種理解如果恰中李君本意的話，那將是李君最爲新穎的學說。可惜史無確據，也從未見諸經傳。然而倘若我的理解是錯誤，而李君所說史記本傳所引卽是離騷賦的話，那麼李君所犯，卽是人云亦云，以訛傳訛。

註二二　見楚辭概論第二七八頁。

註二三　見諸子集成七，中華書局第一頁。

註二四　見楊樹達讀漢書札記卷四。

註二五　見范文瀾文心雕龍註卷一，辨騷篇註三。

註二六　孫詒讓札迻（下册卷十二第五六四—五頁，台北藝文印書館一九六〇年）「淮南崇朝而賦騷」條下曰：「高誘淮南子序云：『詔使爲離騷賦，自旦受詔，日早食已上』。卽彥和所本也。漢書本傳云：『武帝使爲離騷傳』（班固楚辭序——華案：實爲離騷序——說同）王逸楚辭序又云：『作離騷經章句』。並與淮南序不同。傳及章句，非崇朝所能成。疑高說得之」。

註二七　見「文心雕龍綴補」（班苔學報第四期），一九七〇年，第二一—五二頁。

柒、郭璞楚辭注佚文拾補

一、前　言

晉書郭璞傳云：「璞好經術，博學有高才，而訥於言論。詞賦爲中興之冠。……註釋爾雅，別爲音義，圖譜；又註三倉、方言、穆天子傳，山海經及楚辭、子虛上林賦數十萬言。皆傳於世。」知景純曾撰楚辭註一書傳世。隋書經籍志載郭璞注楚辭三卷，舊唐書經籍志下楚詞類一，新唐書藝文志丁部集錄楚辭類俱載郭璞注楚辭十卷，是郭書猶存於隋唐二世之明證。然宋史藝文志集類楚辭類所載楚辭十二部一百四卷之中，獨不及郭注一書，豈郭書佚於趙宋之際耶？自宋而後，史志不收，各家著錄，亦鮮有及郭注者；近人談騷雖侈，考校注釋之作充棟，第涉及郭注者亦尠，是郭書非僅名存而實亡，其書之名亦幾於蕩然煙沒矣！

自敦煌舊鈔楚辭音殘卷出，久佚中土之騫書（註一），得以重光，雖祇尺幅斷軸，猶毫末之於馬體，然於楚辭之學已不啻啓一新紀元。（註二）尤有進者，郭注遺說，賴以光復，雖隻字片語，希世之寶也。王重民跋巴黎敦煌殘卷叙錄九云：「又『豈珵美之能當』句，註云：『本或作瑤字，非也；郭本止作程，取音同。』……余茲效神田先生之言曰：『郭璞楚辭注存留於今日者，此爲惟一麟爪』，可乎？」（註三）聞一多以其說爲灼然有據，無可易者。然若謂郭璞楚辭注存留於今日者，「此爲惟一麟爪，」則未必然。氏敦煌舊鈔楚辭音殘卷跋云：

「『茲』字下：郭云：『止日之行，勿近昧谷也；』

『鴆』字下：郭云：『凶人見欺也；』

『鴆』字下：郭云：『姦佞先己也；』

案『止日』句釋經文『望崦嵫而勿迫』也，『凶人』句釋『鴆告余以不好』也，『姦佞』句釋『恐鵜鴂之先鳴也』。既皆冠以『郭云』，則非郭註而何？取彼隻字，拾此全句，皆千慮之一失已，雖然，謂郭書之存於天壤間者，祇此卷中數語，猶未諦也。」

聞說甚碻。氏嘗欲雜採由漢至隋間詩文家用楚辭與王逸異義者，理而董之，如清儒之於群經者之所爲，輯爲楚辭遺說考。益以昭明文選所載郭璞江賦中一條。以爲江賦此句：「悲靈均之任石」，可視爲郭氏楚辭遺說，亦卽其楚辭註義矣。聞氏又云：「愚意郭書之在海內，名雖亡，實亦未嘗盡亡」。（同上引）其說是也。惟饒宗頤教授據聞一多跋益以江賦一條，以爲景純註騷，今所見者，略盡於此，以爲不然。爰曾有檢摭郭璞楚辭遺說之作。氏從郭註爾雅、方言、山海經，穆天子傳各書中，將其援引楚辭爲說者，比而輯之，得廿一條，聯同騫公楚辭音殘卷引郭云者四條，聞氏所益江賦一條以及洪補引郭璞云一條，都爲廿七條，題爲「晉郭璞楚辭遺說摭佚第二」。（註四）案景純騷註湮沒已久，曩者聞一多嘗輯楚辭遺說，羅掘經年，於郭璞註止得文選江賦一事耳。而士林咸寶之。今饒教授一舉而益以廿餘事，其發現可謂驚人；其對騷學之貢獻，豈可等閒視之？然而檢閱再三，揆諸事實，此二十七條之中，除騫公楚辭音所引四條、聞氏所益一條，及洪補所引一條之外，其餘二十一條概屬「郭注各書引及楚辭者」，實非郭注楚辭之遺說抑佚文也。卽洪補所引一條，饒教授亦不得居發現之功。蓋以其誤認此條爲「郭注各書引及楚辭者」故也。不但如此，姜亮夫亦以訛傳訛，以爲「爾雅釋天郭注」引「屈賦」者三條，釋草引二條，山海經引十餘條，方言引二條，文選江賦注引一條，皆楚辭注佚文之可考者。（註五）殊不知上引各條，乃楚辭之原文，景純引用以箋證郭注各書者也。

二、洪補、朱註引郭璞楚辭佚註之一

楚辭離騷云：「扈江離與辟芷兮。」江離一物，說者不同，洪興祖補注引郭璞云：「江離似水薺。」此景純楚辭注之孑遺也。案洪補援引郭注各書之常例爲：「某書云云。郭璞云云」；抑或：「郭璞注某書云云。」如離騷云：「忳鬱邑余侘傺兮」洪補曰「方言郭註」語也。離騷云：「總余轡乎扶桑」，洪補曰：「山海經云：黑齒之北曰湯谷，有扶木。九日居下枝，一日居上枝，皆載烏。郭璞云：扶木，扶桑也。天有十日，迭出運照。」此郭注山海經海外東經語也。離騷云：「夕歸次於窮石兮」，洪補曰：「郭璞注山海經云：弱水出自窮石。窮石，今之西郡刪丹，蓋其別流之原。」此標明郭注山海經海內西經之語也，招魂云：「大苦醎酸」，洪補曰：「又爾雅云：蘦大苦。郭氏以爲甘草。」此郭注爾雅釋草語也。其標明係郭注爾雅語者有，天問云：「璜台十成，誰所極焉」，洪補曰：「郭璞註爾雅云：成，猶重也。」（今本無，應據補。）又楚辭九歎惜賢云：「采橪支於中洲」，洪補曰：「『相如賦云：枇杷橪柹』。其字從木。郭璞云：橪支，木也，」此郭注司馬相如「上林賦」語也。凡此皆洪補引郭註各書釋文之常例，亦卽其正例。而上述離騷：「扈江離與辟芷兮」句下洪補引郭璞云「江離似水薺」一條，非洪引郭注各書之常例，其爲郭註楚辭之鱗爪必也。

試舉數事以證之：

「江離似水薺」乃郭璞直接注解「扈江離與辟芷兮」句中「江離」一物之釋文。此其一也。

「江離」一物，郭註爾雅、三倉、方言、穆天子傳及山海經各書無徵。而文選司馬相如上林賦云：「被以江離，糅以蘼蕪」（註六）郭璞無註。惟於子虛賦：「茳蘺蘼蕪」句下，郭璞云：「茳蘺似水薺。」」（漢書補注引此同，惟「茳蘺」作「江離」）識者或曰：此景純釋相如賦語，非楚辭註之佚文也。華按「茳蘺似水薺」，容或係郭註長卿子虛賦中語，然二書同見之文，郭璞爲註，自有互見之例。同釋一物，其於二書之註文相同，不足怪也。而况慶善所見楚辭古本非鮮，又焉知此「江離似水薺」一句，非洪興祖直接引自郭璞楚辭註之古本耶？陳振孫「直齋書錄解題卷十五：楚辭考異一卷，洪興祖撰」條下云：「興祖少時從柳展如得東坡手校楚辭十卷，凡諸本異同皆兩出之。後又得洪玉父而下本十四、五家參校，遂爲定本，始補王逸章句之未備者。書成又得姚廷輝本作考異，附古本釋文之後。其末又得歐陽永叔，孫莘老，蘇子容本於闕子東葉少協校正，以補考異之遺。洪於是書用力亦以勤矣。」例如洪興祖所得楚辭古本之中，有無名氏撰古本離騷釋文一卷，陳振孫直齋書錄解題云：「洪氏得之吳郡林虙德祖，其篇次不與今本同。今本首騷經、次九歌、天問、九章、遠游、卜居、漁父、九辯、招魂、大招、惜誓、招隱、七諫、哀時命、九懷、九歎、九思。釋文亦首騷經、次九辯，而後九歌、天問……」。補註亦云：「按九章第四、九辯第八、而王逸九章註云皆解於九辯中，知釋文篇第蓋舊本也。後人始以作者先後叙之爾。」此外，洪補於諸本異同處，每引釋文作某云云。如天問云：「穆王巧梅，夫何爲周流」。洪補曰：「諸本作梅。釋文每磊切。其字從木，傳寫誤耳。」又九章惜誦云：「檮木蘭以矯蕙兮」，洪補曰：「檮，音擣，斷木也。撟，舉手也，釋文：古昴切。」又遠游云：「雌蜺便娟以增撓兮」，洪補曰：「爾雅疏引『雌蜺嫙嬛』，嬛與娟同，釋文：嬛，虛捐切；撓，而照切。釋文從手。」凡此等等，足見慶善補注貴重古本舊說之一斑。正如洪補所云：「世所傳楚辭，惟王逸本最古。凡諸本異同，皆當以此爲正。又李善註本有以『世』爲『時』爲『代』，以『民』爲『人』之類，皆避唐諱，當從舊本。」（註七）雖然，饒宗頤教授因洪興祖引釋文無『經』字，以爲「未必眞爲古本也」（註八）其實，「經」字之有無，未足作爲判定古本眞贗之根據。興祖有言在先：「古人引離騷，未有言『經』者。蓋後世之士，祖述其辭，尊之爲『經』耳。非屈原意也。逸說非是。」（註九）而況晉唐人之於離騷，未必皆盡稱「經」也。試就饒教授所輯郭注各書之引及楚辭者而論，其稱楚辭（辭或作詞）者凡五見，其稱離騷者凡十四見，然則其稱「離騷經」者止一見耳。隻字孤證，焉得以一概其全哉？再者，梁顧野王玉篇，引騷俱作楚辭，北齊釋道慧撰，唐貞觀間釋玄應增廣，元和五年（西元八一〇年）唐京師西明寺僧慧琳集大成之一切經音義一書，援引王逸章句概作楚辭，未曾稱「經」。又文選李善註凡引楚辭或王逸註處，皆稱楚辭，未有「經」字。凡此足證唐宋以前楚辭古本，未必皆稱離騷爲「經」。而慶善所見古本中，必有郭璞楚辭註雜揷其間。然則郭註「江離似水薺」，卽賴洪氏所得古本而留存至今之一鱗半爪乎？此其二也。

又案「水薺」一物，郭註各書無徵。惟爾雅稱「薺」字凡三見。釋草云：「菥蓂大薺」。郭註云：「薺，葉細，俗呼之曰老薺。」釋草又云：「蒫薺實」。郭註云：「薺子味甘」。釋草又云：「姚莖涂薺」。郭註云：「未詳」。則「江離似水薺」一語非「爾雅郭註」釋文明甚。此其三也。總此三事，則「江離似水薺」一條非郭註離騷之佚文莫屬也。

三、洪補、朱註引郭璞楚辭佚註之二

楚辭離騷云：「飄風屯其相離兮，帥雲霓而來御」。洪補曰：「霓……通作蜺。……爾雅：『蜺爲挈貳』。說文：霓，屈虹，青赤或白色，陰氣也。郭氏云：『雄曰虹，謂明盛者；雌曰蜺，謂暗微者。虹者，陰陽交會之氣。雲薄漏日，日照雨滴則虹生也』。」（註一〇）朱熹集註引郭璞語略同，惟省「虹者，陰陽交會之氣」云云。案洪補此處所引郭璞語一反上述援引郭註各書之常例——「郭氏云云……」緊接「說文云云」之後，景純既未曾注釋說文，則其爲郭氏註釋「離騷：帥雲霓而來御」句中「霓」字之佚文，可以斷言矣。雖然說文云云之前，洪補引爾雅曰：「蜺爲挈貳」。或疑此郭氏云云乃景純之爾雅註也。今案爾雅釋天云：「疾雷爲霆霓」。郭璞註云：「雷之急擊者謂霹靂」。郭氏於「霓」字無註。惟云：「蜺，雌虹也，見離騷。挈貳，其別名也。見尸子。」（註一一）「蜺」字離騷作「霓」，陸德明爾雅音義亦皆作「霓」，郝懿行爾雅義疏云：「蜺者，霓之假借也。」故「霓」爲本字。疑今本此字涉「虹」字改。「蜺，雌虹也。」與洪補引郭氏云云一語意合，惟較之簡甚。則郭氏云云一條，必郭璞楚辭註之佚文乎？雖繁簡有別，如同上文所述，此蓋郭璞於二書同釋一物時，互見手法之又一例證也。

爾雅釋天：「蜺爲挈貳」，邢昺疏引音義云：「虹雙出，色鮮盛者爲雄，雄曰虹。闇者爲雌，雌曰蜺。虹是陰陽交會之氣。純陰純陽，則虹不見。若雲薄漏日，日照雨滴，則虹生。」音義此語，較洪補所引郭氏云云一段爲完整，而較陸德明爾雅音義所載者尤爲翔實，可貴也。陸德明爾雅音義：釋天第八：「霓」字下引「音義」云：「雄曰虹，雌曰霓」。此音義所釋之虹霓，視邢疏所引音義對虹蜺之釋語簡甚。（註一二）簡繁固有不同，二書所引之音義一也。惟此音義者何？洪補、朱註俱無交代，但謂「郭璞云」耳。竊以爲洪朱所引與騫公楚辭音引郭云之例合。此事不難理喻：注解楚辭之書有援引某人楚辭註之說，直稱某人可也，其書可不言而喻。據此，則洪、朱所引郭璞釋「霓」一條，得目爲氏註楚辭之佚文也。王重民、聞一多、姜亮夫諸往賢，固未慮及於此；質諸饒教授，未審首肯否？

說者或以爲所謂「音義」者，郭璞所著爾雅音義也，非其楚辭註也。如晉書郭璞傳稱璞「註釋爾雅，別爲音義圖譜；」舊唐書經籍志錄郭璞註爾雅三卷而外有爾雅音義一卷、爾雅圖一卷；新唐書藝文志著錄爾雅郭璞註一卷、又圖一卷、音義一卷。可證也。華案郭璞究曾著爾雅音義一書否？頗成問題。晉書璞傳「別爲音義圖譜」一語固有可商，玄應一切經音義（又名大唐衆經音義）因以傳訛，而兩唐志所謂郭著爾雅音義云者，則又踵一切經音義引與陸德明經典釋文爾雅音義一書而附會者也。請爲申論如次。

竊以爲郭璞本未著爾雅音義一書。其證據有三：一曰：郭璞叙其註釋爾雅之過程時未曾言及其著有爾雅音義一書。其爾雅序云：「璞不揆檮昧，少而習焉。沈研鑽極二九載矣。雖註者十餘，然猶未詳備，並多紛謬，有所漏略。是以復綴集異聞，會粹舊說，考方國之語，采謠俗之志，錯綜樊孫，博關群言，剟其瑕礫，搴其蕭稂。事有隱滯，援據徵之。其所易了，闕（註一三）而不論，別有音、圖，用袪未寤。」據此，則景純爾雅註並序，乃其自少沈研鑽極十八載而成之作，至「其所易了，闕而不論，別爲音、圖，用袪未寤」數語云何？邢昺疏云：「其所易了，闕而不論者，謂通見詩書，不難曉了者，則不須援引。故闕而不論也。云別爲音圖，用袪未寤者，謂註解之後，別爲音一卷，圖贊二卷；字形難識者則審音以知之；物狀難辯者，則披圖以別之。用此音圖，以袪除未曉寤者，故云用袪未寤也。」郭璞既親口謂註解爾雅之外，「別爲音、圖」。所謂音，並非音義，則何爾雅音義之有哉？尤有進者，所謂爾雅音義者，亦未見去晉未遠之隋書，可證也。隋書經籍志著錄郭璞註爾雅五卷，爾雅音二卷，爾雅圖十卷，爾雅圖讚二卷晉亡。獨未見有郭著爾雅音義之錄。此與郭璞自叙意合。是由晉至隋尚無郭璞爾雅音義之稱。

二曰：始稱郭璞撰爾雅音義一卷者，晉書郭璞傳也。（註一四）而璞傳「註釋爾雅，別爲音義圖譜」一語，謬詞惑衆之根源也。一如上述，郭璞爾雅序但謂「別爲音、圖」而已，未言其曾爲「音義、圖譜」。蓋以爾雅爲義訓，既以釋義爲主，有關音、圖，則別出之。證諸隋書經籍志著錄可知也。則此「音義、圖譜」乃晉書作者誤解「音、圖」之義，而妄自增字以足文者也。（註一五）

三曰：「音義」一詞，漢唐士流習用之術語也。凡詁訓、章句、註釋之典籍，靡不可稱「音義」。其例甚多，略舉數篇以明之。如慧琳一切經音義引毛詩註有作毛詩音義者；引史記註有作史記音義者；引韋昭註漢書有作韋昭漢書音義者；引晉灼註漢書有作漢書晉灼音義者；引蕭該註漢書有作蕭該漢書音義者；又唐陸德明經典釋文所釋經文，概稱「音義」，如莊子音義，爾雅音義等……餘不備舉。同理，引郭璞爾雅註亦得爲郭璞爾雅音義矣。學者引書浮泛如此，而修史者復據以入諸史，無怪乎兩唐志各有郭璞爾雅音義一卷之錄也。然此徒具虛名之音義一書，歷宋而終歸烏有，未見宋史藝文志著錄矣。唐蘭爾雅郭註佚存補訂稱郭撰音義一書久佚，（註一六）是也；亦非也。所謂非者，其書原屬烏有，烏得謂佚哉？夏清貽云：「明註疏本，音別爲一篇，故註中不復有音。蓋以郭著音義既亡，以此當之也。」（註一七）明人別音之法，堪爲洞察景純著書之微旨。然其本意實爲欲復郭著二書之原，非若夏氏所指，欲當既亡之音義也。而清人郝懿行爾雅義疏則有矯枉過正之嫌矣。如夏清貽所謂：「郝疏於他書引郭之不見今本註中者，輒曰此郭音義之文。」（見同前註）揆諸事實，夏言是也。不但如此，宋邢吳疏亦間有此弊。

案此類將他書援引郭註語之不見今本爾雅註中者悉歸音義之風，李唐之季特盛，而實淵源於梁。蓋梁顧野王玉篇已肇其端。古逸叢書影日本柏木所藏舊鈔卷子原本玉篇爲顧氏之原帙。此書頗引爾雅郭璞註文，取今本爾雅郭註校之，雖頗有歧異，類皆不出郭璞註爾雅語也。其中引郭璞「音義曰」者凡三見。「縭」字下野王案引毛詩曰云云、傳曰云云、郭璞曰云云，「音義曰」云云一條，不知出自何書，亦未見今本爾雅郭注，不得疑爲郭著爾雅音義之佚文也。「庡」字下野王案引爾雅曰云云，郭璞曰云云，「音義曰」云云。與「嶧」字下野王案引爾雅曰云云，郭璞曰云云，「音義曰」兩條，說者或以爲誠爾雅音義語也。信如夏清貽所云：「蓋以郭著音義既亡，以此當之也。」實則非是（詳見拙作「郭璞『爾雅音義』名義釋疑」一文，載南洋商報一九七三年一月一日新年特刊）。又見大陸雜誌第四九卷第三期，一九七四年。

誠如上述，此類以郭著音義既亡，而刻意以不見今本之郭氏註語以當之之風，至李唐爲尤盛。楊家駱云：「北齊釋道慧撰一切經音，久未見；唐貞觀間釋玄應廣之爲一切經音義（一名大唐衆經音義）二十五卷，其體僅將經文應釋之字錄出，註音訓於下，並廣引字書及傳說以證之。後陸德明襲其體撰經典釋文，而訓釋則遠不如玄應書之詳。」（註一八）一切經音義與經典釋文二書既以廣引字書及傳說稱勝，自不失收郭璞「音義曰」云云之語。考慧琳希麟一切經音義引郭氏音義曰云云者凡八見。其中有四見之引語大致相同，宜視爲同一出處之一條。試舉例如下：

⑴卷第十七「曰虹」下引爾雅音義云：「雙出，鮮盛者爲雄，雄（誤作雌）曰虹；暗者爲雌，雌（誤作雄）曰霓也。一名帶陳也。」

又、卷第二十四「虹霓」下引爾雅音義云：「從虹出，盛者爲雄，曰虹；闇者爲雌，雌曰蜺。」

又、卷第五十六「色虹」下引郭璞爾疋音義云：虹雙出，鮮盛者爲雄，雄曰虹；暗爲雌，雌曰蜺。蜺或作霓。霓音五奚反，俗音古巷反，青虹也。」

又卷第七十一「虹霓」下引爾疋音義曰：「雙出，鮮盛者爲雄，曰虹；暗者爲雌，曰蜺。蜺音五鷄反。」

⑵卷第二十七「蝮」下引爾雅云云，音義曰：「蝮，蛇也。鼻上有針，一名鼻虵。」案：虵，蛇之俗字也。

⑶卷第二十七「賨估賈」下註云：「估音公戶反，字書無此字，唯爾雅郭璞音義釋言註中賨作此字。」

⑷卷第四十六「氐宿」下云：「爾雅天根，氐也。音義曰：天根爲天下萬物作根，故曰天根也。」

⑸卷第五十九「惡獸」下引爾疋音義云：「狩亦獸子，（子、字古通）二足而羽曰禽，四足而毛曰獸。」

第⑴條所舉郭璞訓釋「虹霓」之「音義」在一切經音義一書凡四見，惟獨不見存於今之郭氏爾雅註。慧琳或以爾雅釋天「螮蝀，虹也；蜺爲挈貳」下郭註「蜺，雌虹也，見離騷；挈貳，其別名，見尸子」

之故，而必歸諸所謂之「爾雅音義」，不亦妄乎！？實則郭氏「蜺，雌虹也，見離騷」云者，必其同註爾雅楚辭二書時習用互見之例也。而洪補朱註於離騷「帥雲霓而來御」句下引之，殊爲宜然。况楚辭稱「雲霓」不止於此也。

離騷又云：「揚雲霓之晻藹兮，鳴玉鸞之啾啾。文選五臣註云：

「雲霓，蜺也。」

天問云：「白蜺嬰茀，胡爲此堂？」王逸註云：「蜺，雲之有色似龍者也。」洪補云：「蜺，雌虹也。」華案此本郭璞爾雅註。然則又焉知其非取上述「帥雲霓而來御」句下郭氏楚辭註語而簡之者乎？

遠遊云：「雌蜺便娟以增撓兮，」華案，邢昺爾雅疏引此作：「雌蜺嫂嬛以曾撓兮」。洪補云：

「便讀作嫂，毗連切。……嬛，與娟同。」

遠遊又云：「建雄虹之采旄兮，五色雜而炫耀。」

九章悲回風云：「上高巖之峭岸兮，處雌蜺之標顛；據青冥而攄虹兮，遂儵忽而捫天。」

如上所舉，所謂「雲霓」、「白蜺」、「雌蜺」、「雄虹」等，於楚辭一書，屢見不鮮。郭璞既曾注釋楚辭，焉能無一語及之者？而况郭氏楚辭註一書原名或爲楚辭音義，亦未可知。

第⑵條卷第二十七「蝮」字下引所謂音義曰：「蝮，虵也。鼻上有針，一名反鼻虵。」華案，此郭璞山海經註語也。南山經云：「曰猨翼之山。……多蝮蟲。」郭璞云：「蝮蟲色如綬文，鼻上有鍼，大者百餘斤，一名反鼻蟲，古虺字。」北山經亦云：「大咸之山……蛇名曰長蛇，其毛如彘豪。」郭璞云：「說者云長百尋。今蝮蛇色似艾綬文。文間有毛，如豬鬐，此其類也。」郝懿行爾雅義疏云：「蝮蛇即蝮蟲。」取郭璞山海經南山經註以校一切經音義所引郭氏「音義」，則「音義」較山海經略甚。惟此又慧琳摭郭氏註山海經語以當「爾雅音義」文之一例證也。雖然，說者或疑此一條恐爲郭註山經與爾雅二書之互見例。然則說者又安知一切經音義所引之「音義」，非即郭氏楚辭音義之佚文哉？廣韻謂虵者，蛇之俗字也。故「蝮虵」亦即「蝮蛇」。楚辭招魂云：「蝮蛇蓁蓁。」洪補引山海經南山經註大同而小異，惟略郭璞曰字樣。似此，則一切經音義所引郭氏之「音義」語，作爲郭著楚辭音義之佚文或互見例之可能性益大矣。

第(3)條卷第二十七「旁估賈」下引爾雅郭璞音義釋言註中旁賈作估字，今爾雅釋言所無。第(4)條卷第四十六「氐宿」下引「音義」曰：「天根爲天下萬物作根，故曰天根也。」亦今郭璞爾雅註所無。惟郭氏於爾雅釋天「天根，氐也」之下註云：「角亢下繫於氐，若木之有根也。」郝懿行爾雅義疏云：「天官書氐爲天根。索隱引孫炎以爲角亢下繫於氐，若木之有根也。」似此，則此語究竟誰屬，郭耶？抑孫耶？疑莫能定。（參見拙作「郭璞『爾雅音義』名義釋疑」一文）。第(5)條卷第五十九「惡獸」下引爾疋音義云：「狩亦獸子，二足而羽曰禽，四足而毛曰獸。」案爾雅釋蟲、釋魚、釋獸與釋畜各卷皆無「獸」字，郭璞無由爲之音義也。然則釋天云：「火田爲狩，」郭註云：「放火燒草，獵亦猶狩。」說文云：「狩，火田也。」是爾雅釋天語乃許書之所本也。釋鳥云：「二足而羽謂之禽，四足而毛謂之獸。」陸德明經典釋文爾雅音義「釋獸第十八」下註引說文云：「獸，守備也；一曰兩足曰禽，四足曰獸。」則此釋鳥所云又爲說文之所本矣。而郭璞於此無註。然則此又一切經音義援引釋鳥正文時譌爲爾雅音義之一明證也。

試再論唐陸德明經典釋文爾雅音義一書中所引之「音義」：

(1)釋詁「鮮」字下陸註云：「息淺反；又音仙、本和作誓。沈云：古斯字。郭音義云：本或作尠，非古斯字。」

(2)「堅」字下陸註云：「音牽」，又却閑反。郭音義本與慳悋物同。」案盧文弨爾雅音義考證「堅」字下作：「郭音義本與慳悋物同。」考證云：「舊慳悋俱誤從立心。案慳悋無義。字書亦無悋字。慳悋物謂拂拭物也。今改正。」盧說是也。

(3)釋言「馹」字下陸註云：「而實反。郭音義云本或作至。聲類云亦馹字同。」

(4)又「搴也」下陸註云：「九輦反。取也，與摶同。郭又音蹇。音義云：本又作蹇。」

(5)釋訓「洄洄」下陸註云：「沈音回，郭音韋，音義云本或作幃，音韋。案字林幃，重石皃。子回反。」案盧文弨爾雅音義考證「洄洄」下引音義「幃」作「禈」。考證云：「案上音韋二字衍。禈本皆從巾。下字林亦同。案說文從衣，今改正。字林亦云重衣皃，則皆非從巾，今改正。」

(6)釋天「蜺」字下陸註云：「五兮反，如淳五結反，郭五擊反，音義云：雄曰虹，雌曰蜺。說文曰：屈虹青赤也，一曰白色陰氣也，故孟子云：若大旱之望雲霓也。本或作蜺。漢書同。」

(7)釋水「色白」下陸註云：「李云河水始出，其色白也。孫云：崑崙，山名也。墟者，山下之地，白者，西方之色也。郭云：山海經曰：河出崑崙西北隅。墟者，山下基也。發源處高激峻湊故水色白也。郭音義云：禹本紀及山海經皆云河出崑崙山。」

以上列擧所謂「音義」之中，第(6)條已論之如上，茲不重贅。第(1)至(5)條之釋文俱甚簡略，作：「本或作某」或「本與某同」字樣。第(7)條「音義」但引禹本紀與山海經語爲說。此二詁訓之語例，頗類景純於爾雅序稱其所別爲之「音、圖」也。如陸德明爾雅音義釋水「遺」字下引郭圖云：「天子並七船，諸侯四，大夫二，士一。」又「潏」字下註云：「案郭圖水中自然可居者爲洲；人亦於水中作洲；而小不可止住者名潏，水中地也。」以及「色白」下引郭璞圖讚云：「崑崙三層，號曰天柱。實惟河源，水之靈府。是也。」凡此，則又郭璞爾雅圖與爾雅圖讚之孑遺也。邢昺疏郭氏爾雅序「別爲音、圖」云：「謂註解之外，別爲音一卷，圖讚二卷。」得之。

四、洪補引郭璞楚辭佚註之三

楚辭九歎遠遊云：「登崑崙而北首兮，悉靈圉而來謁。」洪補引郭璞云：「靈圉，淳圉，仙人名也。」華案，此郭璞楚辭註釋「靈圉」之佚文也。

史記司馬相如傳大人賦云：「悉徵靈圉而選之，部乘衆神於瑤光。」（註一九）知劉向「悉靈圉而來謁」句乃源於相如之大人賦也。而文選相如上林賦「靈圉燕於閒館，偓佺之倫暴於南榮」下李善註引此作「坐靈圄而來謁。」「圉、圄」古字通用。

史記正義云：「靈圉，仙人也。」淮南子俶眞訓云：「騎蜚廉而從敦圄。」（漢書補註引作：騎飛龍，從涽圉。）高誘註云：「蜚廉，獸名。長毛有翼；敦圄，似虎而小，一曰僊人名也。」陶方琦淮南子許註異同詁云：「史記索隱二十六引許註涽圉，仙人也。」而「敦圄」與「涽圉」，王先謙漢書補註謂乃字之異耳。又「涽、淳」古今字也。可見史記「靈圉」與淮南子「敦圄」、「涽圉」皆郭璞「靈圉、淳圉，仙人名也」註文之所本。誠若陶方琦所云：「羽獵賦『靈圉燕于閒觀』集解引郭璞註：『靈圉、涽圉，仙人名也。』即用許氏淮南註。」惟陶方琦此詁得失參半。其一得者，謂郭璞此註乃即用許氏淮南註意也。其所失處，在於誤以「靈圉燕于閒觀」此句爲揚雄羽獵賦語也。

案漢書司馬相如上林賦云：「靈圉燕於閒館，偓佺之倫暴於南榮。」補註引郭璞曰：「偓佺，仙人也，食松子而眼方，暴，謂偃臥日中也。榮，屋南檐也。偓音握，佺音銓。」（註二〇）王先謙補註云：「索隱引韋昭云：古仙人姓偓。列仙傳云：槐里採藥父也，食松，形體生毛數寸，方眼，能行逮走馬也。應劭曰：南榮，屋檐兩頭如翼也。故鄭玄云：榮，屋翼也。高誘曰：飛榮似鳥翕，是也。先謙案，榮非專指南檐，郭註榮上應有南字。」王說是也。

漢書司馬相如傳又云：「鬼神接靈圉賓於閒館。」王氏補註引郭璞曰：「靈圉，仙人名也。」

由是以觀，則「偓佺，仙人也」者，郭璞註司馬相如上林賦「偓佺之倫暴於南榮」句中「偓佺」

一詞之語也；「靈圉，仙人名也」者，郭璞註司馬相如傳「鬼神接靈圉賓於閒館，」句中「靈圉」一詞之語也；而郭璞云「靈圉、淳圉，仙人名也」者，則景純註楚辭「悉靈圉而來謁」句中「靈圉」一詞之語也。

五、結　論

綜上所述，郭璞楚辭註，抑或「楚辭音義」雖久佚中土，然自敦煌舊鈔騫公楚辭音殘卷出，而郭註鱗爪因得重光以來，學者戮力所致，於郭氏楚辭遺說之搜摭，亦復可觀。殊足寶也。爰就所得，條錄如下：

(1)離騷：「望崦嵫而勿迫」。「崦嵫」騫公楚辭音作「茲」，下引郭云：「止日之行，勿近昧谷也。」

(2)離騷：「吾令鴆爲媒兮」。騫公楚辭音引郭云：「凶人見欺也。」

(3)離騷：「豈珵美之能當」。騫公楚辭音云：「郭本止作程字，取同音。」

(4)離騷：「恐鵜鴂之先鳴兮」。騫公楚辭音引郭云：「姦佞先已也。」

(5)文選江賦：「悲靈均之任石」。聞一多敦煌舊鈔楚辭音殘卷跋云：「案李善謂王郭異義，是也。……然則江賦此句，可視爲郭氏楚辭遺說，亦即其楚辭註義矣。」

(6)離騷：「扈江離與辟芷兮」。洪補朱註引郭璞云：「江離似水薺。」案文選司馬相如上林賦「

被以江蘺，糅以蘼蕪。」郭璞於「江蘺」無註。惟於子虛賦「茳蘺蘼蕪」句下，李善引郭璞曰：「江蘺似水薺。」漢書補註引郭說同，惟「茳蘺」作「江離」。此蓋郭璞註楚辭與相如子虛賦互見例也。

(7)離騷：「帥雲霓而來御」。洪補朱註引郭璞云：「雄曰虹，謂明盛者；雌曰蜺，謂暗微者。虹者，陰陽交會之氣。雲薄漏日，日照雨滴則虹生也。」案他書引此多冠以「音義云」字樣。或疑爲郭璞爾雅音義之佚文，實則非是。

(8)楚辭九歎遠遊：「悉靈圉而來謁」。洪補引郭璞云：「靈圉、淳圉，仙人名也。」

綜上以觀，知景純註楚辭起自屈原之離騷，下逮劉向之九歎。而其爾雅序所云、「其所易了，闕而不論，別爲音、圖。」宜從邢昺疏云：「謂註解之外，別爲音一卷，圖贊二卷。」不得以晉書郭璞傳「註釋爾雅，別爲音義、圖譜」之訛，而傳爲郭璞作爾雅音義一書之訛也。（見拙作「郭璞『爾雅音義』名義釋疑」一文）。此外，郭璞所爲爾雅圖，圖讚之鱗爪，亦復歷歷可徵。凡此，皆與郭璞爾雅序自叙合，不容曲解，附會者也。

【註釋】

註一　隋書經籍志云：「隋時有釋道騫善讀之，能爲楚辭。音韵清切，至今傳楚辭者，皆祖騫公之音。」兩唐志並著錄僧道騫「楚辭一卷」。宋志則未見著錄，疑其書亡於宋。朱熹楚辭集註序云：「及隋唐間，爲訓解者尚五六家。又有僧道騫者，能爲楚聲之讀。今亦漫不復存，無以考其說之得失。」然周祖謨「騫公楚辭音之協韵說與楚音」云：「往者聞一多先生嘗爲跋，以論殘卷之可貴，而於騫公之身世，未及推詳。考道騫之名，僅見於隋志，內典史乘雜傳均無記載，因以其雜科者流，本非釋子之所重。然『日本見在書目』有『楚辭音義』，題釋智騫撰，不云道騫，似有所本。此卷雖有騫名，終不知其爲道騫，抑爲智騫也。王氏第從隋志定爲道騫耳。余於道騫無考，頗疑隋志之道騫，或爲智騫之誤。」（見輔仁學誌第二期；又姜亮夫楚辭書目五種，頁二六九——二七六引）王應麟玉海卷云：「釋智騫撰爾雅音義二卷。景德二年四月丁酉，吳鉉言其多誤，命杜鎬、孫奭詳定。」（日本「見在書目」載智騫撰爾雅音決三卷。）唐慧苑華嚴經音義卷四、慧琳一切經音義卷三十三「風黃淡熱」條並引騫師註方言，周祖謨以爲「所謂騫師者，當卽智騫」。（參見上引周文）然此騫公究爲道騫抑智騫，尚屬次要。其最可貴處，在於此久佚「楚辭音」之重現也。

註二　參見聞一多「敦煌舊鈔楚辭音殘卷跋——附校勘記」（原載一九三六年四月二日「大公報圖書副刊」，及圖書季刊第三卷第一第二期合刊。國立北平圖書館編印，一九三六年三月出版。後又收入聞一多全集(二)。

註三　見圖書季刊二卷三期。

註四　見楚辭書錄，選堂叢書之一，東南亞出版公司，香港，一九五六年，頁一〇〇至一〇五。

註　五　參閱楚辭書目五種，頁二十六。

註　六　「江離」一詞文選各本有作「江離」或「茳蘺」之異，蓋以此物屬草本科植物故也。「蘼蕪」一詞各本亦有作「麋蕪」、「蘼蕪」之不同。

註　七　參見洪興祖楚辭補註，「離騷：謇吾法夫前修兮，非世俗之所服。」句下「補曰」云云。

註　八　參見楚辭書錄頁一〇〇。

註　九　見楚辭補註：離騷經章句第一。

註一〇　「蜺」字唐陸德明經典釋文爾雅音義皆作「霓」。

註一一　敦煌郭璞爾雅註殘卷「尸子」下有「也」字，餘全同。

註一二　此蓋唐人引書摘要省繁之習慣使然也。夏清貽「與書立庵論爾雅郭註佚存補訂書」云：「爾雅在唐代立於學官，惟貞元二年至十二年，廢爾雅而代以道德經，其先後皆以之帖試舉子也。然正以試帖故習者輒摘要而省其繁，郭註之被刪改，自是不可掩之事實。」（見國立北平圖書館刊八卷一號，頁十三）。

註一三　「闕」字新興書局印行國學基本叢書校永懷堂本爾雅郭註誤作「關」。

註一四　晉書乃唐太宗文皇帝御撰。

註一五　林明波撰清代雅學考云：「晉書本傳云：註釋爾雅，別爲音義圖譜。譜字當是讚字之誤。」（見慶祝高郵高仲華先生六秩誕辰文集（上）冊頁（總）一七四）。

註一六　見註十二夏清貽「與唐立庵論爾雅郭註存佚補訂書」引。

註一七　見同前註。

註一八　見慧琳希麟一切經音義正續編序，台北大通書局印行，一九七〇年。

註一九　「部乘」漢書司馬相如傳引作「部署」。

註二〇　文選六臣註引郭璞曰：「偓佺，仙人也。暴謂偃臥日中也。榮，屋南檐也。」

捌、原本玉篇引騷紀要

——兼論王逸楚辭章句之舊本

一

黎庶昌古逸叢書之十一影舊鈔卷子原本玉篇一書，徵引繁富。舉凡經（包括小學）、史、子、集重要典籍，莫不包羅；往哲時賢之章句，傳註與音義等，亦頗蒐集。此書所以可貴者，在於保存六朝、隋、唐之間學者所見故籍，有極可珍貴之字句也。此對治校讎之學與考鏡書法源流者，貢獻尤鉅。雖然，書手大意疏誤之處，亦復不尠，覽者愼之。（註一）

書之可貴在於古。今存原本玉篇五卷，（註二）雖殘缺不全，然其中徵引，多保存古書之舊觀。此其可貴者也。如楚辭離騷、九章、思美人與惜往日各篇之「芳與澤其雜糅兮」，九章·懷沙之「同糅玉石」、橘頌之「青黃雜糅」，九辯之「惟其紛糅而將落兮」與「霰雪紛糅其増加兮」等句，其中「糅」字皆作如字，未有例外者。且今傳王逸章句，洪興祖補註與朱熹集註等之註文亦皆作「糅」，惟獨原本玉篇引正文與註文俱作「飷」字。是今傳楚辭各本之爲晚出，而原本玉篇所引之爲故書，由說

文食部之有「⿰飠丑」字，米部之有「糧」，而獨無「糅」字可證也。（註三）

尤有進者，慧琳一切經音義所引顧野王語，悉出原本玉篇。如音義卷第十二「詭異」條註引顧野王云：「奇恑也。」而原本玉篇卷第九言部「詭」字註野王案云：「譎詭猶奇恑。……說文以詭異之詭為恑字。」音義卷第十六「世事譊譊」條註引顧野王云：「譊譊，猶讙呼也。」而原本玉篇卷第九言部「譊」字註野王案云：「譊譊，猶誰呼也。」案「誰」乃「讙」字之俗體。其餘慧琳所引顧野王語，與原本玉篇中野王案語一字不爽。此原本玉篇確為慧琳所見野王原帙之又一明證也。其為可貴亦卽在此。（註四）然原本玉篇之價值實不限於此，本文不過略舉其援引楚辭之一端，校諸現傳各本，並證以相關之典籍，以明野王所見楚辭版本之確為故書耳。

二

考今存原本玉篇五卷援引楚辭為說者，凡一百二十九條。（參見原本玉篇引楚辭次數統計表一）。其中引離騷二十一條；九歌九條；天問四條；九章二十四條；遠游四條；漁文一條；九辯六條；招魂十四條；惜誓二條；招隱士七條；七諫八條；哀時命二條；九懷十二條；九歎十五條。細分之，（參見原本玉篇引楚辭次數統計表二）則引九歌九條之中、計：雲中君二條，湘君二條，湘夫人二條；東君一條；山鬼一條；國殤一條；引九章二十四條之中，計：惜誦二條；涉江七條，哀郢二條，抽思一條，懷沙三條；惜往日一條；橘頌二條；悲回風六條。引七諫八條之中，計：初放二條；沉江一條；

怨世二條；怨思一條；自悲二條。引九懷十二條之中，計：通路三條：危俊三條；昭世二條；蓄英一條；陶壅一條；株昭二條。引九歎十五條之中，計：逢紛二條；離世五條；遠逝一條；惜賢一條；憂苦二條；愍命二條：思古一條；遠遊一條。

原本玉篇引楚辭次數統計表一

1. 離騷第一：21條（－1）	9. 招魂第九：14條（－2）
2. 九歌第二：9條	10. 大招第十：0
3. 天問第三：4條	11. 惜誓第十一：2條
4. 九章第四：24條（－1）	12. 招隱士第十二：7條（－3）
5. 遠遊第五：4條	13. 七諫第十三：8條
6. 卜居第六：0	14. 哀時命第十四：2條
7. 漁父第七：1條	15. 九懷第十五：12條
8. 九辯第八：6條	16. 九歎第十六：15條
	總計：129條（－7）

（註五）

原本玉篇引楚辭次數統計表二

九歌第二：9條	九章第四：24條	七諫第十三：8條	九懷第十五：12條	九歎第十六：15條
1. 東皇太一 0	1. 惜誦 2	1. 初放 2	1. 匡機 0	1. 逢紛 2
2. 雲中君 2	2. 涉江 7（—1）	2. 沉江 1	2. 通路 3	2. 離世 5
3. 湘君 2	3. 哀郢 2	3. 怨世 2	3. 危俊 3	3. 怨思 0
4. 湘夫人 2	4. 抽思 1	4. 怨思 1	4. 昭世 2	4. 遠逝 1
5. 大司命 0	5. 懷沙 3	5. 自悲 2	5. 尊嘉 0	5. 惜賢 1
6. 少司命 0	6. 思美人 0	6. 哀命 0	6. 蓄英 1	6. 憂苦 2
7. 東君 1	7. 惜往日 1	7. 謬諫 0	7. 思忠 0	7. 愍命 2
8. 河伯 0	8. 橘頌 2		8. 陶壅 1	8. 思古 1
9. 山鬼 1	9. 悲回風 6		9. 株昭 2	9. 遠遊 1
10. 國殤 1				
11. 禮魂 0				
9條	24（—1）條	8條	12條	15條

就現存原本玉篇各卷援引楚辭之次數而言，（參見原本玉篇引楚辭次數統計表三）其中以第二十二卷所引爲最多，共四十七條，其次爲第二十七卷，共三十條，再次爲第九卷（二十七條）、第十八卷（十三條），最少爲第十九卷，僅得十二條。（惟因此卷僅存水部之字）。再就一部之字所引次數而言，則系部所引爲數最多，共二十九條，其次爲山部（十五條）、阜部與水部（各共十二條）。最少爲曰部、音部、用部與索部等字，僅有一條。

第九卷（27條）		第十八卷（13條）	第十九卷（12條）	第二十二卷（47條）	第二十七卷（30條）
言部7	朋部	放部	水部 12	山部 15	系部 29
誩部	只部	八部	12條	屾部	糸部
曰部1	亣部1	左部		嵬部 1	素部
乃部	欠部4	工部		屵部 1	絲部
丂部	食部6	卜部		广部 5	繭部
可部1	甘部1	兆部		厂部 4	䜌部
兮部2	首部	用部 1		高部	索部 1
亏部2	次部	叐部		危部 8	30條
云部		叕部 1		石部	
音部1		車部 9		磬部	
告部		舟部 2		𠂤部	
丩部		13條		阜部 12	
吅部1				𨺅部	
品部				厽部	
喿部	27條			47條	
龠部					
冊部					

綜觀原本玉篇所引楚辭一百二十九條，約有數事可資注意：原本玉篇所引楚辭語，始屈原離騷卷第一，而終劉向九歎卷第十六。未見王逸九思，但有王氏註語。是野王所見楚辭乃劉向初集、王逸作章句並獻上、然則未遑撰著九思一篇以入之之舊本也。此讀王逸楚辭章句離騷叙可知也。其叙云：「至於孝武帝，恢廓道訓，使淮南王安作離騷經章句。……至劉向典校經書，分以爲十六卷。孝章卽位，深弘道藝，而班固賈逵，復以所見，改易前疑，各作離騷經章句，其餘十五卷，闕而不說。……今臣復以所識所知，稽之舊章，合之經傳，作十六卷章句」。王逸明言其所作爲十六卷之章句，未及九思一篇。緣九思乃逸於順帝朝爲侍中時之所作也。九思章句第十七下題云：「漢侍中南郡王逸叔師作」。可證也。而前十六卷之章句，則前此於安帝（一〇七—一二五A.D）元初年間（一一四—一二〇A.D）爲校書郎時已撰就，並獻上者也。此由每卷卷目之下均題云：「校書郎臣王逸上」，可證也。（註六）故宋晁補之重編楚辭十六卷云：「王逸，東漢人。九思視向以前所作相闊矣。又十七卷非舊錄，故去之。」（註七）其離騷新序云：「楚辭十六卷，舊錄也。」其離騷新序又云：「又十七卷，非舊錄，特相傳久，不敢廢。」（註八）據此，則叔師原傳之楚辭舊本，本爲未錄其自作九思之十六卷本。而今傳有九思之十七卷本，疑其子王延壽或後人所刋行者也。洪興祖楚辭補註九思序註云：「逸不應自爲註解，恐其子延壽之徒爲之。」洪說近似。延壽既爲父作註，自不應不爲之刋行，是世傳楚辭十七卷之本，出逸子延壽之手。惟考延壽溺水蚤死。死時年僅二十餘。（註九）然據張華博物志所載，延壽死時王逸似仍健在。（註一〇）似此，則延壽死前果已先爲其父九思作註歟？此則仍待考究者也。

陳振孫直齋書錄解題離騷釋文云：「余按，楚辭劉向所集，王逸所註。而九歎九思，亦列其中。蓋後人所益也？」姑不論彼「益」九歎之「後人」，爲叔師否，抑此「益」九思之「後人」，果爲逸子延壽。陳稱後人，究爲謹愼。姚振宗隋書經籍志考證亦云：「王逸自叙稱臣，則當時嘗進于朝。其本十六卷，自序言之甚明，是爲經進本。其十七卷者，蓋私家別行本也。」（後漢志所說略同）。此「私家別行本」亦不妨爲逸「經進」以後，其子延壽或另有「後人」所刋行，疑不能明。雖然，四庫全書總目提要有云：「初，劉向裒集楚辭十六卷，是爲總集之祖。逸又益以己作九思，與班固二序爲十七卷，而各爲之註。其九思之註，洪興祖疑其子延壽所爲。然漢書地理志、藝文志卽有自註，事在逸前。謝靈運作山居賦亦自註之，安知非用逸例耶？舊說無文，未可遽疑爲延壽作也。」逸之未嘗自註九思一篇，兪樾讀楚辭辨之甚明。其「九思」一條云：「九思本王逸所作，而逸卽自爲之註。自作自註，殊屬可疑。今以此註考之，則知其絕非逸所註也。按此文云：『思丁文兮聖明哲』……丁者，武丁也；文者，文王也。……文義甚明，而註者乃不知丁爲武丁，以當釋之。使逸自作自註，何至有此謬乎？」兪說甚是。果逸自註，自不應不知丁爲武丁也。而淸人胡介祉校郭鼎京書白文楚辭序則仍云：「王逸叔師作十六卷章句，復作九思一篇，以附其後。」今案此說蓋本諸隋志。曰：「後漢校書郞王逸集屈原已下迄於劉向，逸又自爲一篇，並叙而註之，今行于世。」隋志謂「逸又自爲一篇」，蓋指九思，確甚；然又焉知其必爲逸所「並叙而註之」者歟？須知逸章句自序言之甚明：「逮至劉向，典校經書，分爲十六卷。……今臣復以所識所知，稽之舊章，合之經傳，作十六卷章句。」逸未言其「又自爲一篇，並敍而註之」，但作劉向所分十六卷之章句耳。又章句九思序云：「至劉向王褒之徒，咸嘉其義作賦騁辭，以讚其志。則皆列於譜錄，世世相傳。逸與屈原同土共國，悼傷之情，與凡有異。竊慕向褒之風，作頌一篇，號曰九思，以裨其辭，未有解說。故聊敍訓誼焉。」逸之所以又有九思一篇，緣由仰慕向褒之風，欲「以裨其辭」者。然其「作頌一篇，號曰九思」者，「未有解說」也。隋志何所據而云「並敍而註之」？況野王先隋志之傳世而生，去古未遠，其原本玉篇尚且未追援引九思之文耶？是王逸所傳並註之楚辭，乃劉向十六卷之舊本，而九思一篇，當據慶善以爲逸子延壽所益並註之者也。抑若陳振孫直齋書錄解題離騷釋文所稱，此益九歎九思者，別有後人耶？

原本玉篇所引楚辭語，概以單句爲主，引訓誼亦純以王逸註語爲主。其引二句以上者甚尠，僅天問「八柱何當？東南何虧？」，「天何所沓？十二焉兮」，九辯「秋之爲氣也，薄寒之中人」數例耳。又所引楚辭語，以九章（二十四條）與離騷（二十一條）爲最多，以漁父（一條）爲最少。

【註　釋】

註一　參見拙作：「跋原本玉篇」，新社學報第五期，一九七三年，頁一至二五。

註二　楊守敬原本玉篇跋云：「右玉篇卷子本四卷……四卷中唯柏木本最爲奇古。……然就此四卷核之，則爲顧氏原本無疑。」居然忽視山部至𡿺部一卷（卽本書第二十二卷）之存在，殊失詳愼。

註三　原本玉篇卷九食部第一百十三「飷」字註云：「女久反，楚辭：『芳與澤其雜飷』。王逸曰：『飷，雜也』。說文『雜飯也。』或爲粈字，在米部。」

註四　並參見註一引拙文。

註五　表中「—」負號數目代表所引楚辭，或僅爲某字之異體；或爲同一句之重引，而所重引之句中，同一字復有異體者。

註六　並見楚辭十七卷四部叢刊本；洪興祖楚辭章句補注惜陰軒叢書本。此本台北藝文印書館有影印。又後漢書文苑列傳第七十上王逸傳云：「王逸，字叔師，南郡宜城人也。元初中，舉上計吏。爲校書郞。順帝時，爲侍中。著楚辭章句，行於世」。

註七　見王逸楚辭章句馮紹祖校正本附各家楚辭書目，台北藝文印書館影印，第五一一頁；又姜亮夫楚辭書目五種第二七頁引。

註八　俱見四部叢刊鷄肋集三十六；又姜亮夫楚辭書目五種第二八—二九頁引。

註九　後漢書文苑列傳第七十上王逸傳云：「子延壽，字文考。有儁才。少遊魯國，作靈光殿賦。……曾有異夢，意惡之，迺作夢賦以自屬。後溺水死。時年二十餘」。

註一〇　張華博物志曰：「作靈光殿初成。逸語其子：汝寫狀歸。吾欲爲賦。文考遂以韵寫簡。其父曰：此卽爲賦。吾固不及矣。」又曰：「王子山與父叔師到泰山，從鮑子眞學算。到魯，賦靈光殿。歸度湘水，溺死。文考一字子山。」水經註卷三十八湘水註云：「昔王子山有異才，年二十而得異夢，作夢賦。二十一溺死於湘浦。」後漢書集解惠棟曰：「一作二十四。」

玖、文學的外交

——從『賦詩言志』到『贈書寓志』

一、前言

文學和外交發生關係，由來已久。從歷史的觀點來說，在中國至少可以追溯到春秋戰國及其以前的時代。往後一直到二十世紀的現代，這種關係始終沒有斷絕。雖然文學在外交活動上所扮演的角色，或是它採取一種怎樣的姿態與方式出現，古今容或有所不同吧了。這也是非常容易理解的。因爲古今時變境遷，國際關係益發繁雜，外交活動範圍越來越擴大。早先是區域性的，繼而是環球性與國際性的。文學在外交上所扮演的角色或是所採取的方式，不能不跟著變遷。不過萬變不離其宗，它與外交的關係，本質上是始終如一的。

「文學的外交」這個題目範圍特別大。本論文只打算從中國古代諸侯與諸侯之間，或是國與國之間，外交酬酢上的「賦詩言志」，說到現代中（共）*、日建交時的「贈書寓志」。大題小作，不過是要向讀者討教，所謂「拋磚引玉」吧了。這樣，一來固然可以添增筆者個人在文學與外交這兩方面的膚淺知識；二來也可以激發大家對已故毛澤東贈書給日本前任首相田中角榮的用意加以思考。這樣集思廣益地來探討，對於毛澤東贈書的外交意義，也許能夠了解得更加清楚、深透些。

二、從言文並重的觀念說起

注重語言和文學，是中華文化裡的一個傳統。這種傳統有文獻可考的，早在先秦、春秋時代就已經產生了。特別是強調語言跟文學有密切的關係這一點上，我們的孔老夫子是孜孜不倦、念念不忘地明喩而又暗誘着他的兒子伯魚跟他的學生的。就是當他落難在陳、蔡那段困苦的時日裡（註一），他老人家也還是除了孜孜不倦、念念不忘地講學、讀書，仍然不住地盛贊在語言上有傑出表現的宰我和子貢，以及在文學上有成就的子游和子夏呢（註二）！孔子強調語言和文學關係的重要，幾乎到了「不學《詩》、無以言」（註三）的地步。「不學《詩》，無以言」，這話乍聽之下，未免有點武斷與浮誇之嫌。不過，因爲是對他自己的兒子伯魚說的，語氣也就不致太重了。孔子之所以對他的兒子伯魚強調地說：「若不把《詩經》學好，簡直就無話可說。」用意是要點出《詩經》在語言應用上的重要性。換句話說，孔子「不學《詩》，無以言」這話，首先指出了文學與外交有着重要且密切的關係。不是不學詩就不能講話那麼簡單。因爲古人會面交談，特別是上層社會的士大夫階級，在應酬交際中，都有「賦詩見意」、「獻詩陳志」、或是「賦詩言志」（註四）的風氣與習慣。可見《詩經》的地位，在當時的社會裡是多麼重要！好比是現在的《聖經》一般。關於這點，孔子在跟他的學生子路、樊遲等討論政治、外交問題時，解釋得甚爲清楚。他說：

誦《詩三百》，授之以政，不達；使於四方，不能專對；雖多，亦奚以爲？（註五）

孔子認爲，人的才學，貴能實用。要能學以致用，方爲有用。學《詩》也沒有例外。一個人，能夠熟讀《詩經》三百首，倘若叫他辦理政治，他不能觸類旁及、不能通達；叫他辦理外交，出使外國四方，他不能就題應對的話，詩雖然讀得多，又有何用？

讀詩與學詩的另一個功用，孔子認爲是能夠幫助語言，教人把語言說得更漂亮、更得體、更有條理。也即是能操所謂的「外交辭令」，如同戰國時代著名的外交家蘇秦、張儀與屈原那樣「嫻於辭令」（註六）。或者可以這麼說，學詩能幫助我們使用「文學的語言」，而不是說滿口村夫野話。所以孔子又引古書說：

《志》有之：「言以足志、文以足言」。不言，誰知其志？言之無文，行而不遠。（註七）

語言固然能達成一個人的意志之趨向，而有文理的語言，尤其能幫助達成它所發揮的功用。相反地，語言如果是沒有條理可循，雖然能通行、能得逞於一時，到頭來也還是不能持久、不能傳遠的。（註八）

這種「文學的語言」有時也能添增一個人的文采、提高一個人的身價、地位。難怪介子推要說：

言、身之文也。身將隱，焉用文之？（註九）

是的，語言好比一個人身上的衣冠文采。既然是要退隱謫居了，還要文采干什麼？

雖然如此，學《詩》的目的孔子認爲，主要仍然是在於實用。在於「邇之事父、遠之事君」（註一〇）。從近的方面看，詩的學識可以用來孝順父母；從長遠來看，也可以用來服侍君王。「服侍君王」，指的正是政治、外交上的功用。

三、獻詩陳志與賦詩言志

在政治上說，古代的君王往往有使公卿大夫獻詩以陳志的施政方法（註一一）。在外交上說，外交官們交際酬酢之間，也有賦詩以言志的風氣。先說「獻詩陳志」。「詩」這個字，《說文解字》說是「志也。」（註一二）聞一多更進一步證明「志與詩原來是一個字。」（註一三）所以今文《尚書・堯典》上記載上古帝舜的話說：

詩言志，歌永言，聲依永，律和聲。（註一四）

鄭玄解釋得更加清楚，他說：

詩所以言人之志意也。（註一五）

這裡的「志意」可以當作「懷抱」講（註一六）。詩的作用，既然是說明個人的懷抱、表達一個人的意志，所以古代君王施政，往往要他們的臣屬，「獻詩陳志」。《國語・周語上》記載邵公勸周厲王的話說：

故天子聽政，使公卿至于列士獻詩……而後王斟酌焉。是以事行而不悖。（註一七）

古代的天子帝王，因爲能夠聽取與參照臣屬們獻詩所陳的志，所以許多事情都能順利地進行。

由於「獻詩陳志」的關係，古代又有所謂「樂語」的玩意兒。《周禮·大司樂》記載大司樂之官的職務，就是教導國子們學習這種「樂語」的應用方法（註一八）。所謂「樂語」，即是將歌辭應用在日常的生活裡，用歌辭代替語言來表情達意，很像現在的歌劇。可見「樂語」也可算是現代歌劇的濫觴。朱自清說，以樂歌相語，該是初民的生活方式之一。人民生活在樂歌中，樂歌就是樂語。樂歌或樂語，既然是初民生活裡的重要節目，那麼「獻詩」和「賦詩」也正是爲了適應生活上的必要與自然的需求而產生的。（註一九）

西周與春秋時代，這種「獻詩陳志」的事是司空見慣的。例如《國語》（註二〇）、《左傳》（註二一）、《荀子》（註二二）與《晏子春秋》（註二三）等書裡都有記載。而從這種生活方式與風俗習慣之中，我們可見出當時初民那種「樂以言志，歌以言志，詩以言志」，在傳統上是一貫的（註二四）。換句話說，當時詩與樂並未分家。人們所獻的詩，或所賦的詩都是合樂的。實際上，根據顧頡剛的考證，《詩經》裡頭的詩，全部都是合樂的樂歌呢！（註二五）

再說「賦詩言志」。顧名思義，凡引用《詩經》裡頭的詩歌的句子，或是其他古詩、逸詩的詩句，來作爲自己語言的方式的，都叫作「賦詩言志」。不過當時所謂「賦詩」，並不等於是賦者自己作詩，也不一定是非要自己唱歌不可。有時是在宴會上點一首現成的詩歌，叫樂工，即是樂隊演唱。正如現在歌廳、夜總會裡點唱一個樣子。不同的是，古代的賦詩，是斷章取義地利用詩歌裡的個別相關的詩句，來表示或暗示自己的情意、立場和意志，而不計較整首詩歌的主題思想是什麼？（註二六）例如《詩經．鄭風．野有蔓草》這首詩，原本是描寫青年男女私情幽會之作，而鄭國的子大叔竟然大庭廣衆地賦了出來，目的却只取其中的「邂逅相遇，適我願兮」這兩句，以表示特別歡迎貴賓趙孟到訪而能不期而會的意思。而不管全詩的主題思想是什麼。

至於賦詩的目的或作用，在賦詩的人來說，詩所以言志；而在聽詩的人來說，詩所以「觀志」（註二七）或是「知志」（註二八）。如果賦詩的目的，是出於「觀志」的話，一般都是在外交酬酢的宴會上進行的。班固《漢書．藝文志》說古代諸侯卿大夫交接鄰國之際，在揖讓交談之間，往往要引詩來諭志，藉以觀察各人的賢愚不肖與才智。這即是所謂的「觀志」，另一方面，也即是所以「言諸侯之志」。《左傳》昭公十六年記載鄭國的六卿聯合給晉國的貴賓韓宣子請酒送行。席上韓宣子就請他們賦詩，藉此可以「知鄭志」。也即是從而可以知道鄭國的國情與實力。這在主人來說是賦詩以言一國之志，而在客人來說，則是所謂聽詩以「知志」了。

四、文學的外交——政治的詩歌化

這種外交酬酢上的賦詩言志，一般上固然是諸侯卿大夫們，相互之間「以微言相感」（註二九），希望能起一種暗示的作用。但是，有時賦詩也可發生重大的具體作用（註三〇）。換句話說，賦詩有時確實可以達到外交上某些談判與交涉的目的。從現代的國際關係，或是游移不定的外交狀況來看，古代這種文學的外交所能起的作用，簡直是微妙不可思議的。我想在現代國際外交關係史上，只有中國的「乒乓外交」、和毛澤東的「贈書外交」可以跟它比美。「乒乓外交」不在本文的範圍之內，玆不贅及；「贈書外交」是本文所要討論的主要課題之一，容後再談。現在先談中國古代諸侯與諸侯之間，採用文學的外交所能發生的作用。例如《左傳》文公十三年（公元前六一四年）記載了這麼一樁外交事件：（註三一）

那是公元前六一四年的冬天，魯文公剛從晉國結盟回國。半路上遇見了鄭國的國君鄭伯。這個鄭國原本也是晉國的盟友。前些時候鄭伯見楚國強大了，便背叛晉國去投靠楚國。豈知城濮之戰的結果，楚國大敗，晉國成了中原的霸主。鄭伯於是又想跟晉國修好了。就趁着遇見魯文公剛從晉國結盟回來的機會，想請魯文公出面，給他疏通疏通。即是給他到晉國去講情、調解一下。這件事的交涉，參酌兩方面的應答全是通過賦詩的媒介而進行的。那是在招待客人的宴會上，鄭大夫子家命樂工唱《詩經・小雅・鴻雁》一詩。因爲這首詩中有「爰及矜人，哀此鰥寡」這兩句。子家的用意即在以「鰥寡」來比鄭國當時的處境，希望魯文公能以大國之風度，給以憐憫與同情。再到晉國去爲他疏通講情。魯大夫季文子感到很爲難，於是便賦《小雅・四月》一詩來作答。此詩的首四句是：

四月維夏，六月徂暑；先祖匪人，胡寧忍予？

季文子賦這首詩，特別取這四句的用意，是說我們這次到晉國去，一路上旅途跋涉，已經是很辛苦了。何況六月的天氣又那麼暑熱。現在正要趕路回國去祭拜祖先，不想再到晉國去了。用意當然是表示拒絕鄭國的請求，不願意爲鄭國的事多此一舉，再跑一趟。鄭國君臣聽了，雖然感到失望，但不就因此而死心，於是子家又再賦《國風・載馳》的第四章。這一章裡有這樣的四句：（註三二）

我行其野，芃芃其麥。控于大邦，誰因誰極。

子家主要是借用其中「控于大邦，誰因誰極」這兩句來說明小國有急難，想請求大國來援助。這個救星之大邦大國，指的當然是魯國了。這麼一來，魯國的君臣聽了，都受了感動。於是魯國的季文子就賦《小雅・采薇》一詩的第四章來作答。目的是借其中的：

豈敢定居，一月三捷

這兩句來表示，既然如此，君子成人之美，急人之急，答應鄭國再到晉國去奔走一趟。賦詩的儀式結束之後，鄭伯即刻向魯文公拜謝，感謝他肯於出力效勞。此後，由於魯君的幫助、從中調停與疏通，鄭國和晉國重新又締結了盟約。由此可見，這種引用詩句來代替語言以表義的文學外交，有時確實可以發生一種意想不到的效用。因爲詩歌的語言，畢竟比通常講話要來得婉轉，而且又可借助詩歌的感染力，來加強說服力。（註三三）

古時賦詩，有時也取詩句的比喻義的。不過所取的比喻義，要以簡單、易曉、能懂爲主（註三四）。否則往往達不到賦詩的效果或目的。例如《左傳》昭公元年，記載鄭伯請趙孟吃飯的宴會上，鄭國大夫魯穆叔賦了《鵲巢》一詩，目的是用詩中：

維鵲有巢，維鳩居之

這兩句的意思，來比喻：

晉君有國，趙孟治之的意思，趙孟聽了，即刻謙遜地謝道：

這個……自有寡君在，我不敢當。不能承受。

這種應答如流的賦詩現象，一方面是所用詩句的比喻義明白、易曉的關係；另一方面，也是趙孟的詩讀得熟、懂得透的原故。要是詩讀得不熟，詩意、詩旨又懂得不透的話，那麼，既聽不懂賦詩人的意志，更悟解不出所喻的義了。

例如《左傳》襄公二十七年記載齊國的慶封到魯國去訪問。魯大夫叔孫穆子大擺宴席給他接風。但是慶封這人的吃相很不好看，對主人很不恭敬，又不便當面指責他。叔孫穆子便賦《國風・相鼠》一詩，取其中：

相鼠有皮，人而無儀；人而無儀，不死何爲？（註三五）

這幾句的意思來諷刺他。可是他竟然一無所知，照樣狼吞虎嚥地吃得口沫橫飛，非常難看。弄得主人很難堪、很尷尬。事情過去，也就算了。

後來由於齊國有亂，慶封又逃難到魯國來，叔孫穆子又再請他吃飯。他的吃相仍然未改，對主人和受邀的客人很不禮貌。叔孫很生氣，索性叫樂工朗誦《茅鴻》一詩給他聽。《茅鴻》是《詩經》所未收的一首逸詩。內容也是諷刺無禮不恭的。豈知慶封聽了還是無動於衷，對自己的舉止、儀表也沒有省察與檢點，非常地失禮。對主人和賓客都很不客氣。也許慶封此君平常喜歡喝酒作樂、旅遊與打獵等，不理朝政，把政務都交給他的兒子慶舍去處理。（註三六）在宴會上酒醉失態也說不定。或許，慶封此人，不學無術，沒有把《詩經》讀好，不能領會主人賦詩的取義，即是比喻義，以致在大庭廣衆面前一再地失禮！姑且不論是什麼原因，這些事實，在在都說明，文學在當時的外交酬酢的場合裡，所扮演的角色是多麼地重要！

不但如此，在諸侯聘會、訪問的外交活動場合裡，有時還可以藉賦詩以展示個人的口才或辯才，施展一個人的「外交辭令」。這在聽詩的人來說，也可從中試探對方的學養，或是探聽對方的國情與實力等（註三七）。例如《左傳》昭公十二年記載了下列這樁外交上賦詩的事件：

夏，宋華定來聘，通嗣君也，享之。爲賦《蓼蕭》。弗知，又不答賦。昭子曰：「必亡。宴語之不懷，寵光之不宣，令德之不知，同德之不受，將何以在？」

這個外交事件發生在公元前五三〇年。當時宋元公初立。派遣大使華定到魯國去通報。魯昭公特設國宴給他接風、洗塵。在酒席上的賦詩儀式中，昭公命令樂師奏《小雅．蓼蕭》一詩。一來以爲國賓助興，二來也可從中試探宋國大使華定此人的學養及其外交才能與風度。

原來《蓼蕭》這首詩的主旨，根據《詩序》，說是歌頌周天子「澤及四海」之作（註三八）。而朱熹《詩集傳》則說是天子宴諸侯之詩。（註三九）雖然，近代有人以爲是諸侯頌美天子之作（註四〇）。姑不論哪一說都好，這首《蓼蕭》之詩，總之是適用於天子跟諸侯、或是中央與化外兩方聘會宴享的外交關係活動上。

豈知華定對於《蓼蕭》這首詩完全不會欣賞。對詩歌裡的許多詩句，如：

燕笑語兮……爲寵爲光……令德壽豈……萬福攸同……。

等等的意義，都蒙昧得一無所知，沒有作出適當的反應，也即是昭子所謂的「宴語之不懷、寵光之不宣、令德之不知、同福之不受。」意思是華定不會做出相應的「答賦」，甚至是起碼的會意的表示也沒有。難怪魯昭公要譏笑他「必亡」了。

華定回到宋國以後，畢竟即亡或不亡，我們不得而知，問題也並不重要。重要的是他這次的外交表現完全失敗了。這對他個人來說，由於不懂得文學的外交，以致丟臉、受耻辱事小。但是對他的主子宋元公、對他的國家——宋國來說，却是很沒有體面、很失大體的事啊！

相反地，讓我們看看另一件非常有趣的文學外交的事件：此事發生在魯襄公二十七年（公元前五四六年）（註四一）。

當時趙孟（春秋晉趙盾之後，也稱趙武）從宋國回國。路過鄭國。鄭伯（簡公）在垂隴大擺酒席宴享他。席上還有子展、伯有、子西（公孫夏）、子產（公孫僑）、子大叔（游吉）、印段和公孫段等七人作陪。趙孟覺得這是鄭伯給他的一種無上的光寵與榮耀。於是便乘這個機會請在座的七君子賦詩以明志（註四二）。子展（公孫舍之）首先賦《國風・召南・草蟲》一詩（註四三）。此詩的第一章云：

未見君子，憂心忡忡。亦既見止、亦既覯止、我心則降。

子展的用意，是借用詩中所反映的婦女想念出門在外已久的夫君，而又終於得見夫君的那種喜樂之情，來比喻他今朝能夠見到趙孟這麼一位高貴「君子」的心情。趙孟聽了，既是贊美，又是謙辭，客氣地說道：

善哉！……我趙某實在不敢當！

這是賓主在外交賦詩儀式上接觸的第一招。子展的外交辭令使得很成功，讓客人聽了心裡舒服萬分。

接著，伯有（良宵）便賦《鶉之賁賁》一詩（註四四）。原來《鶉之賁賁》這首國風之詩，是衞國人諷刺衞宣姜和公子頑的淫亂不軌行爲的詩歌。說他們母（後母）子（前妻所出）亂倫、禽獸都不如。趙孟聽了，難爲情地說：

這是閨房裡頭，床笫之間的淫亂之言，不出房門之事，不是我這出門在外的使者所能聽得到的。

趙孟也算是文學外交的能手，把東道主國中的私人恩怨，輕描淡寫地推脫得乾淨俐落。（註四五）

接著又輪到子西（公孫夏）賦《黍苗》這首詩的第四章（註四六）。原來《小雅・黍苗》這首詩，是周宣王時歌頌召伯（即召穆公）經營謝邑的詩歌。子西賦其中的第四章說：

肅肅謝功，召伯營之；烈烈征師，召伯成之。

用意是把趙孟比作這位經營謝邑的功臣召伯。趙孟聽了，當然很能會意。於是連忙欠身謙讓說：

這個……自有寡君在，我趙某何德何能？豈敢沾光。

接下來是由子產（公孫僑）賦《隰桑》一詩。（註四七）這首詩的主題是「喜見君子」。可以從詩中：

既見君子，其樂如何？

這兩個句子見出全詩的大義。不過，趙孟最欣賞的還是詩中的最後一章。所以他在聽完了之後說：

武請受其卒章。

意思是特別接受最後一章所表述的「愛得越深，藏在心中越久越難忘懷」的這一層意義（註四八）！

接著是由子大叔（游吉）賦《鄭風．野有蔓草》一詩（註四九）。這首詩在上文已經說過，原是寫男女私情幽會之作。它的主題思想，根據《詩序》的說法，是「喜相逢」的意思，特別是一種「不約而會」、「不期而會」的所謂「邂逅」之義。子大叔之所以要賦這一首詩，主要就是要取詩中的：

邂逅相遇，適我願兮。

這兩句的意思。表示喜歡能遇見象趙孟這樣的一位貴賓。趙孟熟讀《詩經》，當然善解子大叔的盛意。一等他賦完之後，即刻起身謝道：

吾子之惠也！

這樣，又等印段賦完《唐風．蟋蟀》一詩之後，趙孟稱贊他說：

好啊！不愧是一位能保家衛國之主，我們可有指望了。

這是由於《蟋蟀》一詩中有這樣的句子：

無以太康，職思其居；好樂無荒，良士瞿瞿。

趙孟特別取後面兩句所表示的「賢良之士，雖然好樂，却能照顧禮儀、能夠戒懼而不荒」的意思。所以說他「樂而有節，不至於荒淫」，因而能夠保家、衞國。

最後是由公孫段賦《桑扈》一詩。此詩據朱熹的說法（註五〇），是天子歡宴諸侯的盛會上所用的詩歌。內容說君臣上下，舉止處事，都能夠按照先王的禮法威儀的話，國家與人民必定能夠蒙受上天的福祐。最後一章又說，臣子們在宴享交際之間，能夠誠懇恭敬有禮，而不傲慢的話，那麼，福祿將會不求而自得。所謂：

彼交匪敖，萬福來求。

即是這個意思。而公孫段在宴席上賦這首詩的用意，正是取君子往返交際之間，能夠恭敬有禮文，所以能夠承受上天的福祐之義。趙孟聽了，就詩歌的原文作答道：

彼交匪敖，福將焉往？（註五一）

他的意思說，君子之交，能不傲慢，福祿能跑到哪兒去呢？如果能保證照這話去做，那麼縱使要辭絕福祿的話，能夠嗎？（註五二）

這個國宴席上的賦詩節目，到此終歸圓滿地結束了。而趙孟請座上陪客的七君子個別賦詩以言志的目的，也已經達到了。他們賓主之間都能通過詩歌的語句來表達他們的意志，以交流思想。表面上，這是一種送酒助興的餘興節目（有如現在的詩歌朗誦），實際上，這也是政治上的一種外交活動。游國恩把這種活動叫做「政治的詩歌化」（註五三）。我們覺得這種文學氣氛這麼濃厚的外交酬酢活動，不如就叫做「文學的外交」。而這種「文學的外交」，在那「聘問歌咏」（註五四）特別盛行的「詩歌掛帥」的春秋時代，似乎是列國之間，互相交接時所不能缺少的，照例必作的文章（註五五）。相反地，誰要是在這種場合不會賦詩，或是會賦而賦得不對；又或是對方賦了自己不能會義，不懂欣賞，以致未能做出適當的反應，或答賦的話，那麼他不是要丟臉，就是要受譏嘲、恥笑了。一如上文所說的：齊國的慶封，和宋國的華定那樣。這種不懂得「文學外交」的外交家，在那「政治詩歌化」的春秋時代裡，簡直是不能稱職，不配辦外交的。就是在稍後的戰國時代，大名鼎鼎的外交家蘇秦，他那「合縱」的外交政策之所以能提倡得成功，被關東六國推舉爲「縱約」的首長，還同時兼任了六國的宰相，一身共佩六國的相印，這固然是有賴於他那天賦的伶俐的「口舌」與辯才。但是，除此之外，他遍讀詩書，熟悉經典，也是他之所以成功的關鍵之所在。因爲這在游說各國君王時，有很大的說服力。例如當他向魏襄王游說，要求襄王加入六國合縱聯盟時，便引《周書》所載的古詩說：

綿綿不絕，蔓蔓奈何？毫釐不伐，將用斧柯。（註五六）

結果說服了魏襄王，決定加入六國合縱聯盟。使向來有虎狼之稱的秦國，不敢向函谷關以東的六國用兵，前後有十五年之久（註五七）。這是蘇秦外交事業成功的造福。我們固然不敢強調說這就是一種「文學的外交」，但是我們敢說，蘇秦的文學修養，對他游說各國的外交工作有很大的幫助。

談到這裡，我們不能不提起他的同道，也是他在外交活動上的同一陣線的人：屈原。大家都知道，屈原是一位偉大的愛國詩人。他是《楚辭》的代表作者，也是一位積極的外交家。他主張楚、齊、燕、韓、趙、魏六國聯合起來，共同對抗秦國。特別是楚、齊二國的外交關係，他是個關鍵的人物。太史公司馬遷《史記・屈原列傳》說他「博聞強志」，所以楚懷王命他起草法令，處理內政；又說他「嫻於辭令」，有口才，所以懷王又命他辦理外交，應付諸侯，接待賓客（註五八）。特別是對於聯齊的外交工作，做得相當成功，為楚國的駐齊大使。雖然後來齊、楚的邦交關係讓張儀給破解了。那也不能怪罪於屈原，而是楚國懷、襄兩王的昏庸無能，好色重利，內被奸臣賊子、貴族黨人所包圍，外受張儀欺騙的關係。結果才亡了國的。

至於屈原，從外交的觀點來說，他那對外的外交事業，應該可算是成功的，至少是在聯齊抗秦的外交工作上是成功的。因為楚王三番幾次受秦王和張儀的色惑、利誘和欺騙，結果損兵折將又失地之後，有所懊悔時，都得召回屈原，重新起用他，叫他出使齊國去修好，恢復邦交的關係。而往往就是由於他成功地把齊、楚的外交關係重新修好了。秦王才不得不忍氣吞聲，甚至以堂堂的戰勝之國，向戰敗的楚國要求割地、講和（註五九）。太史公司馬遷在《史記・屈原列傳》裡往往就在這種關鍵的地方，語焉不詳，交待得不清不楚。把屈原對楚國外交上的貢獻給抹煞了。我們不得不為屈大夫叫屈、伸冤！其實，屈原其人，原本就集文學與外交於一身。在他有生之年，他一方面用詩歌文學來抒發他個人的愛國、愛民的赤膽忠心，從而掀起楚國人民那種敵愾同仇、「楚雖三戶，亡秦必楚」的復國的意志。另一方面，他不辭勞累，去去來來地奔走於齊、楚二國之間，為的是要貫徹他那連齊以抗秦的外交政策與主張。就是在他旣死之後，所留傳下來的《楚辭》一書，除了在詩歌韻文的萬里長空放射著無比光輝的異彩之外，萬萬沒有想到，在兩千多年後的現代，《楚辭》一書竟然還能在國際外交關係上發生重大的具體作用，具有深遠的外交意義。那即是一九七二年已故毛澤東給日本前任首相田中角榮的「贈書以寓志」。這是屈原本人始料所未及的。

五、贈書寓志——《楚辭集注》的外交意義

緊接著美國前任總統尼遜於一九七二年五月間訪問中國之後，當時日本首相田中角榮也率團訪問北京，促進中、日兩國外交關係的正常化（註六〇）。已故中國主席毛澤東在北京紫禁城官邸接見了田中首相，並在他的書房裡贈送一套朱熹的《楚辭集注》給田中。這是當今我們所見《楚辭》的最古、最完整、最齊備的版本了（註六一）。也許這就是爲什麼毛澤東要把它贈送給田中的一個理由。我們可以把它看做是毛氏贈書的一個外在的意義。至于內在的寓義是什麼？換句話說，做爲中、日建交禮物的《楚辭集注》一書具有怎樣一種外交意義呢？衆說紛紜，各種各樣的猜測都有。根據收集所得（當然，也許還有漏網之魚，尚未可知），提出來跟讀者交換意見。據筆者看來，毛氏贈給田中《楚辭》一書，確是物菲儀重，具有非常深遠的外交意義。而且這種「贈書寓志」之舉，跟兩千多年前那種「賦詩言志」的「文學外交」確有異曲同工之妙。冥冥中，它似乎含有一種不明文規定的外交協定的意義。這是可以拿今天中、日、蘇三國的外交關係的現狀來加以印證的。

不過，正因爲「贈書寓志」是一種不明文規定的外交協定，這就難免要引起各種各樣的揣測與猜疑。以下是筆者所知道的一些：

(1)有人認爲，毛澤東是湖南人，和屈原本是同鄉。毛氏認爲自己同鄉先輩之中，既然出了這麼一位偉大的愛國詩人，寫下了辭采艷麗、意象萬千、哀怨纏綿的詩篇，可以和但丁的《神曲》相比美，足與莎士比亞的悲劇齊名的《楚辭》（註六二），拿來做爲一件禮物，贈送給一位高貴的國賓，也即一個國家的領袖，應該可以稱得上是「物菲儀重」、意義深長的了。何況毛氏本人多少也可以引這一位同鄉先輩以爲榮。一般人以爲這就是毛氏贈書的用意。但據筆者看來，毛氏贈書的寓意並不這麼簡單。

(2)又有一般人以爲，屈原是中國第一位偉大的愛國詩人。由於愛國，他更忠君。日本《朝日新聞》有一位記者在他的《田中訪華隨行日記》裡說：

根據長期住在北京的日本人說：毛澤東贈送這一部書，用意是要通過愛國詩人的作品，鼓舞田中首相的愛國心。（註六三）

毛澤東有沒有眞心誠意要鼓舞田中的愛國心，那是一種非常有爭論性的見解，最多只能是一種主觀的揣測之見，未必是定論。

(3)又有人以爲，毛氏之所以贈送戰國時代的詩歌總集《楚辭》一書，用意是要向田中炫耀中國先秦時代的優秀文化。因爲日本雖然曾經深受中國大唐文化的影響，却未曾浸潤過中國先秦文化的精華。

現在要田中把《楚辭》帶回去好好地學習一番。我們認爲這是贈書的一個起碼的用意，也是一般的目的，原本是無可厚非的。筆者個人仍然認爲，其眞正用意並不就這麼簡單，特別是贈送《楚辭》一書，其寓意深遠。

⑷香港有一位毛立心，在他的《毛澤東爲何送日相〈楚辭〉》（註六四）一文中提起一個故事，認爲可能吻合毛氏贈書的心意。他說：

根據毛澤東以前的一位客卿，第二次世界大戰結束不久，日本人爲了紀念廣島、長崎的殉難同胞，並反對原子戰爭起見，在廣島擧行了一個盛大的反戰大會。中國方面也派了郭沫若和梁漱溟等前往參加。在旅途上，梁漱溟向郭沫若開玩笑說：

「我們就日本投降這件事擧個適當的人名來比擬比擬如何？」郭氏笑道，

「好啊！那就請您老先生先擧吧！」

梁氏不假思索，即刻提出「屈原」。意思是日本因爲屈服於美國原子彈的威力，才無條件地投降的。郭氏不置可否，略加思索之後，隨即擧出了「蘇武」。意思是由於蘇聯的參戰，聯軍有了蘇聯的武力，才能迫使日本投降的。兩人聽了，同時發出會心的微笑。都覺得對方有理，人名都擧得巧，雙關的意義也合得妙。這件事後來傳到毛澤東的耳裡，他雖然很欣賞郭、梁兩人的才學和急智。但是爲了自尊，又要特別強調中國的自力更生與自主的立場，他仍然堅持地認爲，日本之所以向中國投降，乃是由於自認打不過地大、物博與人多的中國之關係。中國儼然是有著一座有生命的「血肉之長城」，敵人怎樣都攻不破、打不贏的。也正是因爲這個事故，毛氏便即決定以《義勇軍進行曲》（原名《血肉的長城》）這一首歌來做爲中國的國歌。

其實，大家心裡有數，毛澤東、郭沫若等當然也很清楚，促成日本迅速而無條件地向盟軍投降，主要是因爲美國向日本本土投下了兩顆原子彈。但是因爲當時中共正在仇美而親蘇，他們不願長仇人的威風吧了。所以毛澤東和郭沫若都不肯承認日本的投降是由於「屈原」的關係。可是自從六十年代以來，中、蘇關係破裂。再加上一九七二年初，美國總統尼遜訪華之後，中、美關係改善。開始轉爲親美而仇蘇了。正好田中首相又自動地、親自上門來「投誠」。毛澤東可能因此而想起了先前郭、梁兩位學人名來影射日本投降的故事，因而便送給田中一部屈原的《楚辭》，暗示中國現在也有了原子彈，也能使日本「屈原」而稱臣了。

到底毛澤東贈送《楚辭》一書是否眞有此意，田中首相是否眞能「知」毛氏所寓之「志」，自然只有他們內心有數了。爲難的是毛氏經已作古，而田中的東山再起之希望，肯定是非常渺茫。此事已然死無對證。雖然如此，毛氏當年贈送《楚辭》一書所「寓」的「志」，冥冥中對日本的外交政策，確實發生了具體的重大作用，起了深遠的影響，其餘波一直到今天，仍然還在動蕩、不息中。這也正是筆者本人對毛氏「贈書寓志」所作的一個蠡測。

(5)屈原的外交政策是楚國聯齊以抗秦；毛氏贈書的寓志，是中共要聯日以抗蘇。

我們認爲毛氏贈書的這一個用意的可能性最大。各種形勢與客觀環境上的迹象都顯示出有這一個可能。理由是：

第一、田中訪華的主要目的是要改善並建立中、日的外交關係。

第二、中共和蘇聯交惡，正在方興未艾。而蘇聯駐防在中蘇邊境的大軍也正在有增無減，這是毛氏老來內心裡最大的隱憂。

第三、日本由於向蘇聯討回北部四島的談判失敗而與蘇聯交惡，急於要來投靠中共，藉以助長她跟蘇聯談判中討價還價的力量與本錢。

這種情形很容易使我們聯想起兩千多年前，戰國時代秦、齊、楚三國的微妙的外交關係，以及當時關東各小國那種「朝秦暮楚」的游移不定的外交動向。

其實戰國時代之所謂「七雄」，勢力比較強大的只有西方的秦、南部的楚，以及東方的齊三國。其餘處在中原的韓、趙、魏以及東北的燕，都是微不足道的小國，不能影響大局。所以蘇秦的合縱政策，與其說是聯合東方的六國抗秦，毋寧說是齊、楚聯軍以抗秦。這也正是屈原始終都極力主張的外交政策。至於張儀的連橫政策，主要就是設計來破解齊、楚二國的關係。圖使他們陷於孤立無援的地步，而後才採用一種遠交近攻的策略，逐一地擊破他們。即所謂「Divide and defeat」的一種策略。這種策略後來證明成功了，六國終於被秦國所滅。

實際上，蘇秦和屈原都有這種先見之明。蘇秦在初見楚王的時候曾說：「夫秦，虎狼之國也，有吞天下之心」。（註六五）而屈原在勸阻楚懷王不要上秦昭王的當，不可去武關會見他的時候也曾說：

「秦，虎狼之國，不可信，不如無行。」（註六六）兩位外交家幾乎是一鼻孔出氣似的。偏偏楚懷王昏庸無能，輕信令尹子蘭，上官大夫、靳尙與寵姬鄭袖等的讒言，不聽屈原的忠告。結果一去不返，三年之後便客死秦國，只能把屍體領回來。

這是一個慘痛的歷史教訓。毛澤東當然瞭若指掌。而今蘇聯的大軍壓境，虎視眈眈地把茅頭指向中國。這種局勢，若在當年，正是楚王立即派遣屈原東使齊國修好求援的時候。如今有如齊國大使的田中首相竟然自己找上門來，那有不派親齊派的屈原去接待之理？這就是毛氏要把屈原的《楚辭》送給田中首相的所「寓」之「志」。

再從地理的形勢來說，蘇聯地處中國的西北，如同當年秦之於楚一般。日本在中國的東部，也和齊國在楚東一樣。這是地勢上的吻合。再從心理上來說，當時楚人憎恨秦國，把她看做虎狼之國；當今中國人仇蘇，也把她目爲北極之熊。虎狼和熊，同樣都是凶狠的動物。這又是民心上的吻合。總之，種種迹象都顯示，毛澤東贈送《楚辭》一書給田中首相，用意是要聯日抗蘇。這是筆者本人對毛氏「贈書寓志」的一點小小補充的蠡測。不知讀者們以爲然否？

今天，毛澤東已去世多年，而田中角榮也已在野多時，不再是日本的首相了。但是綜觀當今中、日、蘇的三角外交關係之中，中日兩國所走的外交路線，儼然正是當年屈原《楚辭》所提倡的路線。這又證明筆者本人對毛氏「贈書寓志」的猜測，縱使是不中，却也不致於太遠了。

六、結語

最後，我們應該要強調的是，作爲「社會意識形態之一」的「語言藝術」（註六七）之文學，本身在應用語言塑造形象以反映社會生活，並表達作者的思想感情等方面，自有它一定的作用與功能。但是它在外交上所扮演的角色，它有時所能發生的重大的具體作用，或是所具有的那意想不到的、潛在著的深遠的外交意義，却是一向以來，很少受到注意或重視。也許，我們可以把最近幾年來才開始頒發的「東南亞文學獎」看作是一種「文學的外交」，具有團結、聯絡與鼓勵亞細安各成員國的文學界的一種外交作用與意義。這樣，這項文學獎的設立，也就更有意義、更有生命力了！

【註釋】

*本社編輯部案：作者係新加坡學人，文中凡指「中共」處，都以「中」一字簡代。

註　一：《論語・孔子傳略》（取材自《史記・孔子世家》，見臺北，僑務委員會出版，一九八二年，頁七）云：「魯哀公四年，孔子到蔡國去。第三年，吳國進攻陳國，楚國派兵救陳。聽說孔子就住在陳、蔡的邊境上，就派人聘請孔子。孔子正打算前去。陳、蔡兩國大夫怕楚國眞用了孔子，對兩國不利。於是雙方合力把孔子圍困在荒野上。糧食吃光了，隨行學生也餓病了。而孔子却仍舊不停地講學、讀書、彈琴、唱歌。後來楚昭王派兵迎護孔子，才免除了這場災禍。」

註 二：《論語・先進》：「子曰：從我於陳、蔡者，皆不及門也。……言語：宰我、子貢；……文學：子游、子夏。」見《論語注疏》（北京：中華書局，一九五七年），頁二四七—八。

註 三：見《論語・季氏》、同上，頁三八〇—一。

註 四：見邢昺疏。同上。

註 五：見《論語・子路》。同上，頁二九四。

註 六：見司馬遷《史記・屈原列傳》。

註 七：《左傳》襄公二十五年傳引。見王伯祥選注《春秋左傳讀本》（香港：中華書局，一九五九），頁四二四。

註 八：同上。

註 九：見《左傳》僖公二十四年傳。同上，頁一二五。

註一〇：《論語・陽貨》：「子曰：小子，何莫學乎《詩》？《詩》，可以興，可以觀，可以群，可以怨。邇之事父，遠之事君。多識於鳥獸草木之名。」同上註一，頁三九五。

註一一：《詩經・大雅・卷阿》毛傳：「明王使公卿獻詩以陳其志，遂為工師之歌焉。」

註一二：《說文解字注》（臺北：藝文印書館，一九六四）頁九一；又《毛詩序》：「詩者，志之所之也。在心為志，發言為詩。」

註一三：聞一多《歌與詩》。原載一九三九年六月五日《中央日報》昆明版《平明》副刊；又見《聞一多全集》——（香港：遠東圖書公司，一九六八）頁一八四—五。

註一四：屈萬里《尙書今注今譯》（臺北：商務印書館，一九七三）頁一八—一九。

註一五：孔穎達《毛詩正義》《詩譜序》：「然則詩之道放於此乎」句下引；又《洪範・五行傳》鄭注云：「詩之言志也。」《詩譜序》引《春秋說題辭》：「詩之爲言志也。」

註一六：見同上注一三。

註一七：《國語・周語上》（上海：商務印書館，一九五八）頁三—四。

註一八：《周禮・大司樂》：「以樂語敎國子：興、道、諷、誦、言、語。」

註一九：參見朱自清《詩言志辨》（香港：建文書局，一九六〇）頁六—九。

註二〇：如《國語・楚語》裏記左史倚相的話：「於是作《懿戒》以自儆也。」

註二一：如《左傳》隱公三年載衞人賦《碩人》之詩：閔公二年載許穆夫人賦《載馳》之詩；鄭人賦《清人》之詩；文公六年載國人哀秦伯任好卒而賦《黃鳥》之詩等是。

註二二：如《荀子・樂論》說：「君子以鐘鼓道志」。「道志」即是「言志」。

註二三：如《晏子春秋・內諫篇下》載晏子歌詩以諫齊景公罷築大臺之事例。

註二四：見同上注一九，頁八。

註二五：參見顧頡剛《論詩經所錄全爲樂歌》載《古史辨》卷三下，頁六四八—五〇。

註二六：參見周滿江《詩經》（上海：上海古籍出版社，一九八〇），頁一〇六。

註二七：班固《漢書、藝文志》：「古者諸侯卿大夫交接鄰國，以微言相感。當輯讓之時，必稱詩以諭其志。蓋以別賢不肖而觀盛衰也。」所謂「稱詩以諭其志……而觀盛衰。」即是「觀志」。

註二八：《左傳》昭公十六年傳載「鄭六卿餞宣子於郊。宣子曰：『二、三君子請皆賦，起亦以知鄭志』。」這是宣子請主人的陪臣賦詩以「知志」的好例子。

註二九：見同上注二七。

註三〇：參見雷海宗《古代中國的外交》，載清華大學《社會科學》三卷一期，頁二一一三。

註三一：見《春秋左傳正義》（北京：中華書局一九五七），頁七八九。

註三二：朱熹《詩集傳》，頁三四。

註三三：參見周滿江《詩經》，頁一〇六—一〇七。

註三四：朱自清《詩言志辨》，頁一八—一九。

註三五：朱熹《詩集傳》，頁三三。

註三六：參見王伯祥《春秋左傳讀本》，頁四六三。

註三七：如《左傳》襄公二十九年載吳公子季札訪魯，請觀周樂。從而得知各國的音樂、詩歌聲韻、民情、風化等。聽後都一一加以評論。

註三八：參見《毛詩正義》（北京：中華書局，一九五七）頁八四六。

註三九：參見朱熹《詩集傳》，頁一一一。
註四〇：參見《辭海·文學分册》，頁一二九——一三〇。
註四一：《春秋左傳正義》襄公二十七年。（北京：中華書局一九五七），頁一五一七——一五一八。
註四二：《左傳》襄公二十七年傳「詩言志」下正義曰：「在心爲志，發言爲詩，是詩所以言人之志義也。」同上，頁一五一八。
註四三：《詩經·國風·召南》第三篇朱注云：「南國被文王之化，諸侯大夫行役在外，其妻獨居，感時物之變，而思其君子如此。亦若《周南》之《卷耳》也。」
註四四：《詩經·鄘風》第五篇，「賁賁」今作「奔奔」。賁、奔音義並通。杜注云：「衞人刺其君淫亂，鶉鵲之不若。又取人之無良。我以爲兄，我以爲君也。」正義云：「伯有賦此詩者，又取人之無善行者，我以爲君，是有嫌君之義。於時鄭簡公是穆公之玄孫。良霄（伯有）是穆公之曾孫。君非良霄之兄。杜言並取人之無良，我以爲兄者，因詩成文。故連言之。劉君以爲非兄，而規杜非也。」
註四五：伯有和鄭伯有怨，所賦的詩裡有「人之無良，我以爲君」之句。是在借機會駡鄭伯。所以范文子說他「志誣其上，而公怨之，以爲賓榮。」見王伯祥《春秋左傳讀本》，頁四四九。
註四六：《詩經·小雅·黍苗》凡五章，其第四章云：「肅肅謝功，召伯營之；烈烈征師，召伯成之。」朱注云：「宣王時封申伯於謝，命召穆公往營治城邑……（此功實召伯有以成之）。」

註四七：《詩經・小雅・隰桑》凡四章。第四章云：「心乎愛矣，遐不謂矣。中心藏之，何日忘之。」朱注云：「言我中心誠愛君子，而既見之，則何不遂以告之。而但中心藏之，將使何日而忘之耶？《楚辭》所謂『思公子兮未敢言』，意蓋如此。愛之根於中者深，故發之遲而存之久也。」

註四八：參見朱熹《詩集傳》，頁一七一。其卒章云：「心乎愛矣，遐不謂矣，中心藏之，何日忘之。」

註四九：《詩經・鄭風・野有蔓草》凡二章。其《序》云：「野有蔓草，思遇時也。君之澤不下流，民窮於兵革。男女失時，思不期而會焉。」《毛傳》云：「不期而會，謂不相與期而自俱會。」詩云：「野有蔓草，零露漙兮。有美一人，清揚婉兮。邂逅相遇，適我願兮」。《毛傳》：「清揚，眉目之間婉然美也。邂逅，不期而會，適其時願。」據詩歌原文，實與男子意外地遇見美女，一見鍾情時癡戀的狂態。參見裴普賢《詩經欣賞與研究》（臺北：三民書局，一九六四），頁二三四。

註五〇：朱熹《詩集傳》，頁一六〇；又《詩序》云：「《桑扈》，刺幽王也。君臣上下，動無禮文焉。」《毛傳》云：「動無禮文，擧事而不用先王禮法威儀也。」《正義》云：「以其時君臣上下，升降擧動，皆無先王禮法威儀之文焉，故陳當有禮文以刺之。即上二章上二句是也。三章言其君爲百辟所法而受福。卒章言臣能燕飲得禮而不傲慢，皆是君臣禮文之事。」

註五一：《左傳》襄公二十七年傳引作「匪交匪敖，福將焉往。」見王伯祥《春秋左傳讀本》，頁四四九。

註五二：《左傳》襄公二十七年傳。同上注四一，頁一五一八。

註五三：游國恩《楚辭概論》（臺北：商務印書館，一九六八），頁六。

註五四：班固《漢書・藝文志》。

註五五：參見同上注五三，頁五；又與柳存仁教授閑談間，柳教授表示當時一般士大夫簡直是把《詩經》當作現代的《聖經》一般地讀著。動不動就引《詩經》的詩句論證說理，以加強說服力。

註五六：（日本）瀧川資言《史記會注考證》：《周書和寤解》「武王之言。……梁玉繩曰：『此語亦見《姜子守土》、《賈子・審微》、《說苑・敬愼》、《家語・觀周》。皆與《策》，《史》小異。是爲金人之銘。《路史・後記》據《金匱》、謂黃帝所作也。』王師叔岷《史記斠證》第七册《列傳》（臺北：中央研究院歷史語言研究所出版一九八三年），頁二二〇八－九）云：「《意林》一引《太公六韜》云：『消消不塞，將成江河。兩葉不去，將用斧柯』。亦類似古語。《路史》據《金匱》謂黃帝所作，妄也。」按蘇秦所引《周書》古語，頗類有韻的古詩。

註五七：司馬遷《史記・蘇秦列傳》（臺北：藝文印書館，一九六四）。

註五八：《史記・屈原列傳》說他出使齊國以修好。

註五九：見同上。

註六〇：參見一九七二年十月二十二日《南洋商報》《南洋周刊》一〇一期。

註六一：這版本是南宋理宗端平乙未年（公元一二三五年）由朱熹之孫朱鑑親自刊印的。參見朱熹《楚辭集注、鄭振鐸跋》（北京：人民文學出版社，一九五三年）。

註六二：參見費德林《偉大的愛國詩人》，載郭沫若等《楚辭研究論文集》（香港：龍門書局，一九七二年），頁四五八—六三。

註六三：見陳中彥《毛贈田中的禮物》引。

註六四：載《明報月刊》第九二期。

註六五：見《史記・蘇秦列傳》。

註六六：《史記・屈原列傳》。

註六七：《辭海・文學分册》（上海：上海辭書出版社，一九八一年），頁一。

拾、參引書目

壹、楚辭類

一、楚辭白文本

一　宋米芾書行書離騷經。載容台集（佩文齋書畫譜卷七十八引）。中華叢書委員會影印。簡稱：「米書」。

二　明文徵明書離騷九歌。見嚴氏書紀法書五。日本東京二玄社刋書跡名品叢刋：明文徵明離騷／九歌／草書詩卷他，一九六三年。簡稱：「文徵明書」。

三　明正德十五年長沙熊宇刋篆字本。簡稱：「長沙本」。

四　明萬曆辛丑（二十九）年朱燮元刋篆刻楚騷。簡稱：「吳中本」（據張亨離騷輯校引）。又饒宗頤楚辭書錄（第三頁）「萬曆蘇州郡守朱燮元刻本」、姜亮夫楚辭書目五種（第一八頁「明萬曆朱燮元、一龍兄弟重刋夫容館本」條下同）云：「章句後附篆文楚辭，題朱官虞輯。故宮善本目著錄」。疑卽此本。

五　明萬曆二十五年武林郁文瑞尙友軒刋袖珍本。簡稱：「袖珍本」。

六　明萬曆庚申烏程閔齊伋刋朱墨藍三色套印本。簡稱：「閔齊伋本」。

七　明萬曆二十八年庚子吳興凌毓枏刋陳深批朱墨套印本。簡稱：「凌毓枏本」。

八　清乾坤正氣集本。簡稱：「乾本」。

二、楚辭注釋本

九　漢王逸楚辭章句十七卷。簡稱：「王氏章句」；「王註」。

一〇　元刋本。（原書未見，據許維遹楚辭考異補稿、聞一多楚辭校補、易培基楚辭校補、張亭離騷輯校皆引之。）

一一　明正德十三年戊寅吳郡黃省曾校西蜀高第刋本。簡稱：「黃省曾本」。邵亭知見傳本書目題王鏊刋、高第黃省曾校刻、邵懿辰四庫簡明目錄標注及聞一多楚辭校補分王鏊與黃省曾爲兩本，皆誤。詒莊樓書目、張亭離騷輯校題嘉靖間吳郡黃省曾校刋本，恐並有誤。（參見饒宗頤楚辭書錄第二頁、姜亮夫楚辭書目五種第一二頁）。

一二　明隆慶五年辛未豫章王孫用晦夫容館覆宋本。簡稱：「夫容館本」。

一三　明萬曆間朱燮元懋和、朱一龍官虞校刋本。簡稱：「朱燮元本」。

一四　明萬曆十四年丙戌武林馮紹祖繩武父校刋本。又台北藝文印書館影印本。簡稱：「馮紹祖本」。

一五　明萬曆十四年丙戌俞初校刋本。簡稱：「俞初本」。

一六　隋釋道騫楚辭音殘卷。敦煌唐寫本：國立台灣大學影印敦煌秘籍留眞本；饒宗頤楚辭書錄圖版二至七。簡稱：「騫音」。

一七　宋洪興祖楚辭補注，四部叢刋本；惜陰軒叢書本；台北藝文印書館影印。簡稱：「洪補」。

一八　宋洪興祖楚辭考異。今已雜入楚辭補注中。簡稱：「洪考」。

一九　宋朱熹楚辭集注。一九五三年北京人民文學出版社影印宋理宗端平二年朱熹孫朱鑑刋本。台北藝文印書館影印本。爲本論文校勘部分所用之底本，又或簡稱：「朱註」。

二〇　朱熹楚辭集注，清光緒三年湖北崇文書局刋三十三種叢書本。簡稱：「朱注卅三叢書本」。

二一　朱熹楚辭集注，清黎庶昌古逸叢書之九，覆元本。簡稱：「朱注古逸本」。

二二　宋朱熹楚辭辯證，附於楚辭集注之後。

二三　宋錢杲之離騷集傳，清乾隆四十五年庚子歙縣鮑廷博輯知不足齋叢書本。簡稱：「錢氏集傳」，或「錢傳」。

二四　又清光緒三年丁丑湖北崇文書局刋三十三種叢書本。簡稱：「錢傳卅三叢書本」。

二五　又清光緒三十年甲辰南陵徐氏隨庵叢書景撫宋本重刋。簡稱：「錢傳隨庵叢書本」。

二六　宋黃伯思翼騷序，陳振孫直齋書錄解題引。

二七　宋楊萬里天問天對解，清胡思敬等輯豫章叢書覆江南圖書局舊鈔本。民國六年刋行。

二八　宋晁補之重編楚辭十六卷，四部叢刊本雞肋集三十六引其離騷新序上、下。又見姜亮夫楚辭書目五種第二七一三一頁引。

二九　明黃文煥楚辭聽直，明崇禎十六年刋。藏浙江圖書館及日本京都大學中國語文研究室。清林雲銘楚辭燈多引其說。

三〇　清王夫之楚辭通釋，清同治四年乙丑金陵刋船山遺書本。一九五九年北京中華書局排印本。

三一　清林雲銘楚辭燈，康熙三十六年丁丑挹奎樓刋本。又台北廣文書局影印本。

三二　清李光地離騷經注、九歌注，（饒氏書錄、姜氏書目五種並作「離騷經九歌解義二卷。」張丙炎榕村全集（饒氏書錄誤作榕園叢書、姜氏書目五種誤作榕村叢書、張亨輯校誤作榕村全書）本。

三三　清方苞離騷正義（又作離騷經正義），康熙、嘉慶間方氏刻抗希堂十六種全書本（饒氏書錄、張亨輯校並誤作抗希堂全書十六種本；姜氏書目五種誤作抗希堂全書九種本）。

三四　清蔣驥山帶閣注楚辭，康熙五十二年癸巳山帶閣初刋本。台北廣文書局影印本。一九五八年上海中華書局上海編輯所排印本，又一九七三年香港中華書局香港分局刋行本。

三五　清戴震屈原賦注七卷通釋二卷音義三卷，台北藝文印書館影初稿本。香港廣智書局楚辭四種本。

三六　清龔景瀚離騷箋，光緒三年湖北崇文書局三十三種叢書本。

三七　清陳本禮屈辭精義，嘉慶十七年壬申裛露軒刋本。台北廣文書局影印本。
三八　清朱駿聲離騷補注（又作離騷賦補注），道光二十七年丁未刋本。光緒八年臨嘯閣刋朱氏遺書（饒氏書錄、姜氏書目五種、張亨輯校皆誤作朱氏群書）本。簡稱：「朱氏補注」。
三九　清王闓運楚辭釋，光緒十二年丙戌成都尊經書院精刋本。台北文海出版社影印國學集要本。
四〇　清王樹枏離騷注，民國十六年陶廬叢刻本。
四一　清馬其昶屈賦微，光緒二十四戊戌鉛印本。（案是書序末作：「光緒三十一年夏五月戊戌桐城馬其昶譔。「三十一」恐爲「二十四」之誤。饒氏書錄亦誤作「三十二」。）又台北廣文書局影印本。
四二　劉永濟屈賦通箋附箋屈餘義，北京人民文學出版社，一九六一年。簡稱：「劉氏通箋」。
四三　姜亮夫寅清屈原賦校注，上海商務印書館，一九五四年版，台北世界書局，民國五十年版。香港商務印書館，一九六四年版。
四四　王泗原離騷語文疏解，上海文藝聯合出版社，一九五四年。
四五　佘雪曼離騷正義，香港，雪曼藝文院，一九五五年。
四六　朱季海楚辭解故，北京，中華書局，一九六三年。
四七　王瀣離騷九歌輯評，台北，中華叢書委員會，一九五五年。
四八　陸侃如等楚辭選，上海古典文學出版社，一九五六年。

四九　郭鼎堂屈原賦今譯，北京，人民文學出版社，一九五五年。
五〇　衞瑜章離騷集釋，上海商務印書館，民國廿五年。又載於游國恩等楚辭集釋，香港文苑書屋，一九六二年。
五一　聞一多「離騷解詁」，清華學報，第十一卷第一期，民國二十五年。又聞一多全集本。
五二　文懷沙屈原九歌今譯，上海文藝聯合出版社，一九五三年。
五三　文懷沙屈原九章今繹，上海，棠棣出版社，一九五二年。
五四　文懷沙屈原離騷今繹，香港，新月出版社，一九六〇年。
五五　沈祖緜屈原賦證辨，台北，宏業書局，民國六十一年。
五六　臺靜農楚辭天問新箋，台北，藝文印書館，民國六十一年。
五七　馬茂元楚辭選注，香港，新月出版社，一九六二年。

三、楚辭論著

五八　佚名楚辭釋文，宋史藝文志總集類、晁公武郡齋讀書志、陳振孫直齊書錄解題皆著錄，洪興祖楚辭補注頗引之。
五九　唐柳宗元，天對載於楊萬里天問天對解。又載於復旦大學中文系古典文學教研組注天問天對注，上海，人民出版社，一九七三年。
六〇　宋吳仁傑離騷草木疏，清乾隆四十五年庚子鮑廷博知不足齋覆邵南江藏宋刋本。又光緒三年湖北崇文書局刊行本。又一九三七年商務印書館萬有文庫本。
六一 明周聖楷楚寶，通行本。
六二 明陳第屈宋古音義，清嘉慶十年乙丑學津討原本。
六三 明周拱辰離騷拾細一卷，附在離騷草木史十卷之末。清嘉慶八年癸亥聖雨齋重刊本。
六四 清陳昌齊楚辭辨韵，清道光三十年庚戌刊岭南遺書本。又民國商務印書館叢書集成初編本。
六五 清江有誥楚辭韵讀，清嘉慶二十四年己卯音學十書本。又民國二十三年甲戌渭南嚴氏校訂音韵學叢書本。刋于成都。台北廣文書局影印音韵學叢書八。
六六 清俞樾讀楚辭，光緒二十五年重刊春在堂全書本。
六七 清俞樾楚辭人名考，光緒二十五年重刊春在堂全書本。
六八 劉師培楚辭考異，民國二十四年寧武南氏校印劉申叔先生遺書本。簡稱：「劉氏考異」。
六九 廖平楚辭講義（又作楚辭新解），民國十四年成都存古書局刊六譯館業書本。
七〇 謝无量楚辭新論，民國十二年商務印書館國學小叢書本。
七一 柳存仁「楚辭新論」，光華大學文哲，第二卷第二期，一九四〇年六月。
七二 易培基「楚辭校補」，國學叢刊第一卷第一期。
七三 胡適「讀楚辭」，胡適文存第二集卷一，第九一—九七頁。
七四 浦江清「屈原生年月日的推算問題」，歷史研究第一期，一九五四年。後收入楚辭研究論文集，北京，作家出版社，一九五七年。又收入浦江清文錄，北京，人民文學出版社，一九五八年。

七五　周祖謨「騫公楚辭音之協韵說與楚音」，輔仁學誌第九期。

七六　李嘉言「離騷錯簡說疑」，一九五一年八月光明日報，後收入游國恩等楚辭集釋。

七七　聞一多「屈原問題」，聞一多全集㈠，第二四五—二五八頁。

七八　聞一多「人民詩人屈原」，同右，第二五九—二六一頁。

七九　聞一多「廖季平論離騷」，同右，第三三五—三三八頁。

八〇　聞一多「什麼是九歌」，同右，第二六三—二七八頁。

八一　聞一多「怎樣讀九歌」，同右，第二七九—三〇三頁。

八二　聞一多「九歌古歌舞劇懸解」，同右，第三〇五—三三四頁。

八三　聞一多「敦煌舊鈔楚辭音殘卷跋」，大公報圖書副刊，一九三六年四月二日，及圖書季刊第三卷第一、二期合刊。後收入聞一多全集㈡，第四九七—五〇五頁。

八四　聞一多楚辭校補，武漢大學文哲季刊。後收入聞一多全集㈡，第三四一—四九五頁。簡稱：「聞氏校補」。

八五　郭鼎堂「屈原考」，今昔蒲劍，後收入屈原，香港，上海書局，作家與作品叢書，一九七二年。

八六 郭鼎堂屈原研究，開明書局，民國三十一年。一九五二年改版收入歷史人物一書。香港，大千出版社翻印。
八七 張縱逸屈原與楚辭，吉林人民出版社，一九五七年。
八八 張縱逸「楚辭語法」，載於游國恩等楚辭集釋，第二八九—三一三頁。
八九 游國恩楚辭概論，上海，商務印書館，民國十九年初版，萬有文庫本；又台北，商務印書館，民國五十七年，人人文庫本。
九〇 游國恩屈原，香港，學林書店，一九五七年。
九一 游國恩讀騷論微初集，民國二十六年，商務本。又民國五十六年商務人人文庫本。
九二 游國恩楚辭論文集，上海文藝聯合出版社，一九五五年。又香港文昌書局翻印本。
九三 陸侃如「屈原生卒考證」，學燈，一九二三年三月。
九四 陸侃如「宋玉評傳」，小說月報十七卷號外，一九二七年六月。
九五 陸侃如「大招招魂遠遊的著者問題」，讀書雜誌第二期。
九六 陸侃如「屈原評傳」，屈原，香港，上海書局，作家與作品叢書本，一九七二年，第七—六〇頁。
九七 衞瑜章「屈原生卒考」，同右，第八四—八六頁。
九八 饒宗頤楚辭地理考，民國三十五年商務本。

九九　饒宗頤楚辭書錄，著者自印本，香港蘇記書莊代售，一九五六年。
一〇〇　饒宗頤楚辭與詞曲音樂，著者自印本，一九五八年。
一〇一　林庚詩人屈原及其作品研究，上海，棠棣出版社，一九五二年。
一〇二　林庚「涉江的斷句及錯簡」，載於游國恩等楚辭集釋，第一一五—一一八頁。又收入詩人屈原及其作品研究。
一〇三　姜亮夫楚辭書目五種，北京，中華書局，一九六一年。
一〇四　楊樹達「離騷傳與離騷賦」，光明日報，一九五一年五月。
一〇五　錢穆「讀離騷」，中國文學講演集。
一〇六　錢穆「略論九歌作者」，同右，第九六—九七頁。
一〇七　楊柳橋「離騷解題」，載於游國恩等楚辭集釋，第四三—四七頁。
一〇八　蘇雪林「離騷淺論」，台灣，中國語文，第二卷第五、六期。
一〇九　蘇雪林「離騷新詁」，恒光月刊，第二期，新加坡恒光出版社，一九六四年，第六四—九〇頁。
一一〇　蘇雪林「楚辭國殤新解」，大陸雜誌，第四卷第七期，一九五二年。
一一一　蘇雪林屈原與九歌，台北，廣東出版社，一九七三年。
一一二　蘇雪林天問正簡，台北，廣東出版社，一九七四年。

一一三　蘇雪林「爲楚辭國殤新解質疑——敬答陳炳良先生」，大陸雜誌，第四十四卷，第二期，一九七二年。第一七——一九頁。
一一四　蘇雪林「迦尼薩與鼠」，同右，第六、三一頁。
一一五　蘇雪林「從屈賦看中國文化的來源」，最古的人類故事，台北，傳記文學出版社，一九七〇年。
一一六　張壽平「離騷名稱考釋」，大陸雜誌，第十七卷，第四、五期。
一一七　張壽平離騷校釋，台北，中華大典編印會，一九六九年。
一一八　張壽平九歌研究，民國五十九年台北廣文書局本。
一一九　凌純聲「銅鼓圖文與楚辭九歌」，中央研究院院刊第一期，民國四十三年，台北南港。
一二〇　凌純聲「國殤禮魂與馘首祭梟」，蔡故院長元培逝世二十週年紀念論文集，中央研究院民族學研究所集刊第九期，民國四十九年。第四一一——四六一頁。
一二一　文崇一「九歌中河伯之研究」，同右，第一三九——一六二頁。
一二二　文崇一「九歌中的水神與華南的龍舟賽神」，同右，第十一期，第五一——一二四頁。
一二三　文崇一「九歌中的上帝與自然神」。同右，第十七期，第四五——七一頁。
一二四　張亨「離騷輯校」，國立台灣大學文史哲學報第十三期，民國五十三年，第一八一——二四八頁。

一二五　張亨「楚辭斠補」，紀念董作賓，董同龢兩先生論文集下册，中央研究院歷史語言研究所集刊第三十六本，民國五十五年，第六四九—七〇二頁。

一二六　何錡章屈原離騷研究，台北，華西出版社，民國五十八年。

一二七　何錡章「離騷就重華而陳辭新解」，大陸雜誌，第三十二卷，第四期。

一二八　劉秋潮「論離騷中朕吾余予等字的用法」，同右，第十一卷，第九期。

一二九　阮廷卓「離騷新詁」，同右，第十九卷第四期。

一三〇　陳炳良「楚辯國殤新解質疑」，同右，第四十三卷第五期。民國六十年，第五〇—五二頁。

一三一　陳炳良「再談有關『國殤』和迦尼薩」，同右，第四十六卷第一期，民國六十二年。第五三—五八頁。

一三二　張汝舟「談屈原的生卒」，光明日報，一九五一年十月。又收入楚辭研究論文集，北京，作家出版社，一九五七年。第二五四—二五八頁。

一三三　朱東潤「楚歌與楚辭」，同右，第三六五—三六七頁。

一三四　金德厚「關於離騷中插入的文字」，同右，第二輯第八一—九三頁。

一三五　周汝昌「從文懷沙先生的『屈原九歌今繹』說到『楚辭』中的『予』」，附於屈原九歌今繹，第九九—一二五頁。

一三六　黃勗吾「屈原與楚辭」，新加坡南洋大學學報，創刊號，創校十週年紀念論文集，一九六七年，第一七一—三二頁。
一三七　李寶強「遠遊篇作者問題商榷」，同右，第七六—七九頁。

四、昭明文選（正文及注）本

一三八　日本京都帝國大學影舊鈔本文選集注殘卷。簡稱：「唐寫本文選」。
一三九　文選李善注六十卷，宋尤袤汝州刋本，清嘉慶乙巳胡克家影刋尤本。簡稱：「胡氏刻本」。
一四〇　文選六臣集注六十卷，宋贛州學刋本，四部叢刋影印宋本。簡稱：「贛州本」。
一四一　六臣注文選，四庫善本叢書本。台北藝文印書館影印。簡稱：「六臣本」。
一四二　宋紹興三十一年建陽陳八郎崇化書坊刋本。簡稱：「五臣本」。
一四三　宋淳熙八年辛丑晉陵尤袤延之刋本。簡稱：「淳熙本」。
一四四　宋淳祐七年丁未春月上元日刋本。簡稱：「淳祐本」。
一四五　明閔齊華文選瀹注，明刋本。
一四六　清孫志祖文選考異四卷李注補正一卷，讀畫齋叢書本。
一四七　清胡克家文選考異十卷，附刋於重刻宋淳熙本文選之後。簡稱：「胡氏考異」。
一四八　清張雲璈選學膠言二十卷，三影閣原刋本，文淵樓叢書影印本。
一四九　清梁章鉅文選旁證四十六卷，榕風樓刋本，蘇州覆刋本。
一五〇　清胡紹瑛文選箋證三十二卷，世澤樓活字本，聚學軒叢書本。

貳、古注類

一五一　周易正義，魏王弼、晉韓康伯注，唐孔穎達正義。台北藝文印書館影清嘉慶重刻宋十三經注疏本；又一九五七年北京中華書局用四部備要紙型重印本。附阮元校勘記。
一五二　尙書正義，漢孔安國傳、唐孔穎達正義。同右。
一五三　毛詩正義，漢毛亨傳、鄭玄箋、唐孔穎達正義。同右。
一五四　周禮注疏，漢鄭玄注，唐賈公彥疏。同右。
一五五　儀禮注疏、漢鄭玄注、唐賈公彥疏。同右。
一五六　禮記正義，漢鄭玄注、唐孔穎達正義。同右。
一五七　春秋左傳正義、晉杜預注、唐孔穎達正義。同右。
一五八　春秋公羊傳注疏，漢何休解詁、唐徐彥疏。同右。
一五九　論語注疏，魏何晏注、宋邢昺疏。同右。
一六〇　爾雅注疏，晉郭璞注、宋邢昺疏。同右。
一六一　孟子注疏，漢趙岐注、宋僞孫奭疏。同右。
一六二　戰國策漢高誘注，民國二十三年商務萬有文庫本。又一九五八年商務國學基本叢書本。
一六三　呂氏春秋漢高誘注，一九五四年北京中華書局諸子集成本。

一六四　淮南子漢許愼、高誘注，同右。
一六五　國語三國吳韋昭注，民國二十三年商務萬有文庫本。又一九五八年商務國學基本叢書本。
一六六　山海經晉郭璞注，清郝懿行箋疏，郝氏遺書本。又上海中華書局四部備要本。
一六七　山海經晉郭璞圖讚，同右。
一六八　方言晉郭璞注，錢繹箋疏。紅蝠山房本。又徐氏積學齋叢書本。
一六九　史記宋裴駰集解，台北藝文印書館據清乾隆武英殿刋本景印二十五史本。
一七〇　史記唐司馬貞索隱，同右。
一七一　史記唐張守節正義，同右。
一七二　水經北魏酈道元注，清王先謙校，思賢書局本。民國二十二年商務萬有文庫本。又一九五八年北京商務國學基本叢書本。
一七三　世說新語梁劉孝標注，惜陰軒叢書本。
一七四　漢書唐顏師古注，清王先謙補注，台北藝文印書館據清光緒二十六年庚子長沙王氏校刋景印二十五史本。
一七五　後漢書唐李賢注，清王先謙集解，台北藝文印書館據乙卯長沙王氏校刋景印二十五史本。
一七六　文選離騷唐陸善經注，是書久佚。見唐寫本文選集注本引。集注亦頗引公孫羅文選音決。簡稱：「音決」。

一七七 唐陸德明經典釋文，抱經堂本。
一七八 唐釋慧琳一切經音義，日本文元三年刋本。又海山仙館本。又民國五十九年台北大通書局景印一切經音義正續編本。
一七九 宋（遼）釋希麟續一切經音義，日本延亨三年刋本，又民國五十九年台北大通書局景印一切經音義正續編本。
一八〇 南唐徐鍇說文繫傳，小學彙函本。又叢書集成初編本。又四部叢刋本。
一八一 宋吳淑事類賦注，明嘉靖十一年壬辰華麟祥校刋本。
一八二 宋羅苹路史注，四部備要本。
一八三 宋魏仲舉編五百家注韓昌黎集，清乾隆富氏仿宋本。
一八四 宋章樵古文苑注，四部叢刋本。

叁、類書類

一八五 隋杜臺卿玉燭寶典，古逸叢書影日本舊鈔卷子本。
一八六 唐虞世南北堂書鈔，清南海孔氏三十有三萬卷堂校刋本。簡稱：「書鈔」。
一八七 唐歐陽詢藝文類聚，明嘉靖宗文堂本。又新興書局影宋本。簡稱：「類聚」。
一八八 唐徐堅等初學記，明嘉靖十年晉陵楊氏九洲書局刋本。又古香齋袖珍本。

一八九　唐馬總意林，四部叢刊影武英殿本。
一九〇　唐白居易、宋孔傳白孔六帖，明刋本。簡稱：「白帖」。
一九一　宋李昉等太平御覽，四部叢刊影宋刋本。清鮑崇城刋本。
一九二　宋濬自牧記纂淵海，明萬曆七年王嘉賓刋本。
一九三　宋王應麟玉海，清江寧刋本。
一九四　宋葉廷珪海錄碎事，明萬曆二十六年劉鳳校刋本。
一九五　宋祝穆，元富大用等事文類聚，明萬曆三十二年金陵唐富春德壽堂校刋本。
一九六　宋謝維新古今合璧事類備要前集續集，明嘉靖三十一年重刋宋本。簡稱：「合璧事類」。
一九七　宋人錦綉萬花谷，明嘉靖十四年崇古書院刋本。

肆、關係書

一、經部

一九八　易經，十三經注疏本。
一九九　書經，同右。
二〇〇　詩經，同右。
二〇一　周禮，同右。

二〇二　儀禮，十三經注疏本。
二〇三　禮記，同右。
二〇四　春秋左傳，同右。
二〇五　春秋公羊傳，同右。
二〇六　論語，同右。
二〇七　爾雅，同右。
二〇八　孟子，同右。
二〇九　方言，漢揚雄四部叢刊景宋本。小學彙函本。
二一〇　白虎通義，漢班固，抱經堂本。
二一一　釋名，漢劉熙。小學彙函本。
二一二　說文解字，漢許愼撰，宋徐鉉新附字。平津館本。
二一三　原本玉篇，梁顧野王。古逸叢書影日本舊鈔卷子本。
二一四　廣韻，隋陸法言撰、唐孫愐重訂、宋陳彭年等重修，改名大宋重修廣韻，或宋本廣韻。民國四十五年台北藝文印書館影印張氏重刋澤存堂藏板本。
二一五　博雅（廣雅）。魏張揖小學彙函本。
二一六　埤蒼，魏張揖。

二一七　字林，晉呂忱。曾釗校刻本。
二一八　韵會，南唐徐鍇。
二一九　集韵，宋丁度等。楝亭五種本。
二二〇　正字通，明張自烈。
二二一　說文通訓定聲，清朱駿聲。朱氏遺書本。
二二二　說文釋例。清王筠。自刻本。
二二三　說文句讀，清王筠。自刻本。
二二四　說文繫傳校錄，清王筠。自刻本。
二二五　蛾術編說字，清王鳴盛。世楷堂刻本。
二二六　說文解字注，清段玉裁。學海堂本。台北藝文印書館影印經韵樓藏版本。附翁世華說文段注索引。
二二七　六書音韵表，附說文解字注後。學海堂本。
二二八　說文校議，清姚文田、嚴可均。李氏半畝園叢書本。
二二九　說文段注訂，清鈕樹玉。原刻本。武昌局本。
二三〇　說文解字校錄，清鈕樹玉。同右。
二三一　說文二徐箋異，清田吳炤。影印稿本。

二三二　說文引經考，清吳玉搢。姚氏咫進齋本。
二三三　說文解字注匡謬，同右。
二三四　說文古語考補正，清傅雲龍。卷刻本。
二三五　說文解字群經正字，清邵瑛。嘉慶丙子刻本。
二三六　席氏讀說文記，清席世昌。借月山房本。
二三七　說文解字義證，清桂馥。
二三八　說文解字斠詮，清錢坫。家刻本。江甯局本。
二三九　說文繫傳校勘記，清苗夔。壽陽祁氏本。小學彙函本。
二四〇　說文聲訂，清苗夔。自刻本。
二四一　說文解字注箋，清徐灝。
二四二　廣說文答問疏證，清承培元。廣州局本。
二四三　說文引經證例，清承培元。廣州局本。
二四四　說文校議議，清嚴章福。劉承幹刻吳興叢書本。
二四五　惠氏讀說文記，清惠棟。借月山房本。
二四六　越縵堂日記論說文，清李慈銘。上海商務版。又世界書局編本。
二四七　說文辨字正俗，清李富孫。新刻本。

二四八　說文辨疑，清顧廣圻。原刻本。武昌局本。
二四九　說文經字正誼，清郭慶藩。
二五〇　說文釋疑，清朱闓章。
二五一　文源，清林義光。
二五二　說文外編，清雷浚。
二五三　爾雅音義考證，清盧文弨。抱經堂本。
二五四　「原本玉篇跋」，清楊守敬。附古逸叢書本原本玉篇後。
二五五　說文解字詁林。丁福保。上海醫學書局原刋本。台北商務印書館影印楊家駱藏本。
二五六　羅振玉：貞松堂吉金圖，民國二十四年影印本。
二五七　羅振玉：讀碑小箋。
二五八　郭鼎堂：銘刻彙考、續編。
二五九　郭鼎堂：兩周金文辭大系圖錄考釋。一九三二年日本原刻本。考古學專刋甲種第三號，北京科學出版社，一九五七年。
二六〇　郭鼎堂：石鼓文研究，上海商務版，一九五一年。
二六一　郭鼎堂：金文叢考。北京，人民出版社，一九五四年。
二六二　容庚：金文編。民國十四年北京貽安堂印行。

二六三　楊樹達：積微居金文說，考古學專刊甲種第一號，北京科學出版社，一九五九年。
二六四　于省吾：雙劍誃吉金文選，台北藝文影原刻本。
二六五　金祥恒：續甲骨文編。國立台灣大學印行。

二、史部

二六六　國語，四部叢刊影明刊本。士禮居本。
二六七　戰國策，四部叢刊影元至正十五年刊本。士禮居本。藝文景剡川姚氏本。
二六八　史記，漢司馬遷。藝文景乾隆武英殿二十五史本。又日本瀧川資言史記會注考證本。
二六九　漢書，漢班固。藝文景王氏補注二十五史本。
二七〇　後漢書，宋范曄。藝文景王氏集解二十五史本。
二七一　晉書，唐房玄齡等。二十五史本。
二七二　帝王世紀，晉皇甫謐。清宋翔鳳輯。浮溪精舍本。
二七三　穆天子傳，百子全書本。
二七四　山海經，四部叢刊景明成化本。
二七五　隋書經籍志，唐魏徵等。二十五史本。
二七六　舊唐書經籍志，後晉劉昫等。二十五史本。
二七七　新唐書藝文志，宋歐陽修等。二十五史本。

二七八　路史，宋羅泌。明刋本。嘉靖新鐫校宋本。
二七九　宋史藝文志，元阿魯圖，托克托監修。二十五史本。

三、子　部

二八〇　老子，諸子集成本。
二八一　莊子，同右。又錢穆纂箋本。
二八二　荀子，諸子集成本。四部叢刋景古逸叢書本。
二八三　管子，諸子集成本。傳經堂本。
二八四　晏子春秋，諸子集成本。
二八五　韓非子，諸子集成本。四部叢刋景黃堯圃校宋乾道刋本。
二八六　呂氏春秋，諸子集成本。
二八七　韓詩外傳，四部叢刋景明沈氏野竹齋刋本。
二八八　淮南子，諸子集成本。四部叢刋景北宋刋本。
二八九　列子，諸子集成本。四部叢刋景宋本。
二九〇　列仙傳，漢劉向。郝氏遺書本。
二九一　白虎通，漢班固。古今逸史本。又續經解本。
二九二　論衡，漢王充。諸子集成本。漢魏叢書本。

二九三　風俗通義，漢應劭。叢書集成本。四部叢刊本。
二九四　潛夫論，漢王符。諸子集成本。
二九五　博物志，晉張華。古今逸史本。
二九六　顏氏家訓，北齊顏之推。抱經堂本。
二九七　困學紀聞，宋王應麟。翁元圻注。四部叢刊本。
二九八　項氏家說，宋項安世。聚珍版叢書本。

四、專書及雜書

二九九　梁、吳均：續齊諧記。抱經堂本。
三〇〇　梁、宗懍：荆楚歲時記。漢魏叢書本。
三〇一　梁、劉勰：文心雕龍。一九五七年北京中華書局據四部備要重印本。
三〇二　唐、顏師古：匡謬正俗。小學彙函本。
三〇三　宋、樂史：太平寰記。萬庭蘭校宋刻本。
三〇四　宋、張有：復古編。江甯局本。
三〇五　宋、沈括：夢溪筆談。學津討原本。
三〇六　宋、賈昌朝：群經音辨。澤存堂四種本。
三〇七　宋、吳棫：韵補。連筠簃叢書本。

三〇八　宋、王十朋：蘇東坡詩集注。四部叢刊景宋務本堂本。

三〇九　宋、陳振孫：直齋書錄解題。聚珍本。光緒間富順考雋堂刻巾箱本。

三一〇　宋、薛尚功：歷代鐘鼎彝器欵識。嘉慶二年阮氏刻本。

三一一　元、黃公紹（韶）：韵會擧要，元刻明補本。

三一二　清、顧炎武：日知錄。石印原刻本。

三一三　清、劉淇：助字辨略。康熙五十年刻聊城楊氏刻本。民國十二年長沙楊氏重刻本。又香港南國出版社，一九六〇年。

三一四　清、王念孫：廣雅疏證。學海堂本。

三一五　清、王念孫：讀書雜誌。王氏四種本。

三一六　清、王引之：經義述聞。經解本。

三一七　清、王引之：經傳釋詞。商務國學基本叢書本。台灣商務萬有文庫薈要本。

三一八　清、紀昀：四庫全書總目提要。石印本。同治七年廣州局刻廣州小字本。

三一九　清、孔廣森：詩聲類。家刻本。續經解本。

三二〇　清、潘祖蔭：攀古樓彝器款識。同治十一年刻本。

三二一　清、鄒漢勛：「屈子生卒年月考」，載讀書偶識，鄒氏遺書本。

三二二　清、江永：古韵標準。貸園叢書本。

三一三 清、臧用中：拜經日記。學海堂本。
三一四 清、姚鼐：古文辭類纂。康氏刻本。蘇州局繙康本。
三一五 清、俞樾：古書疑義舉例。俞氏叢書本。
三一六 清、俞正燮：癸巳類稿。連筠簃叢書本。
三一七 清、孫詒讓：札迻。自刻本。藝文影印本。
三一八 清、孫詒讓：古籀遺論。民國十八年燕京大學容庚校刊本。
三一九 清、吳汝綸：古文辭類纂校勘記。北京排印本。
三二〇 清、馬瑞辰：毛詩傳箋通釋。中華書局聚珍倣宋版印。藝文影光緒十四年廣雅書局刋本。
三二一 清、黎庶昌：古逸叢書。遵義黎氏校刋本。
三二二 清、崔述：考古續說觀書餘論。叢書集成初編本。又崔東壁遺書本。
三二三 清、龐元英：文昌雜錄。學津討原本。
三二四 近人，劉師培：古曆管窺。劉申叔先生遺書本。
三二五 裴學海：古書虛字集釋。民國二十三年商務本。
三二六 王國維：觀堂集林，王忠愨公遺書初集本。
三二七 王國維：觀堂別集、補遺。王觀堂先生全集本。
三二八 王國維：「殷卜辭中所見先公先王考」及「續考」。觀堂集林。
三二九 夏清貽：「與唐立庵論爾雅郭注佚存補訂書」，國立北平圖書館刊八卷一號。

三四〇　傅斯年：「『新獲卜辭寫本後記』跋」，傅孟眞先生集。民國四十一年台灣大學排印本。
三四一　胡適：「吾我篇」，胡適文存卷二，第三四九—三五六頁。
三四二　聞一多：「端午考」，聞一多全集(一)，第二二一—二三八頁。
三四三　聞一多：「端節的歷史教育」，同右，第二三九—二四三頁。
三四四　聞一多：「人民的詩人——屈原」，同右，第二五九—二六一頁。
三四五　聞一多：聞一多全集，香港遠東圖書公司，一九六八年。
三四六　馬宗霍：說文解字引群書考，北京科學出版社，一九五九年。
三四七　楊樹達：「讀漢書札記」，漢書窺管，北京，科學出版社。一九五五年。
三四八　楊樹達：高等國文法，上海，商務，一九五五年。
三四九　楊樹達：詞詮，北京中華書局，一九五四年。
三五〇　范文瀾：文心雕龍注附校記，民國十四年天津新懋印書館印行。民國二十年北平文化學社印本。民國二十五年上海開明書店印本。
三五一　浦江青：浦江淸文錄，北京人民文學出版社，一九五八年。
三五二　王大隆：「楚辭音殘本跋」，載趙詒琛、王大隆輯庚辰叢編。民國二十九年。
三五三　高名凱：「漢語的人稱代名詞」，燕京學報第三十期；又載漢語語法論。
三五四　呂叔湘：文言虛字，香港大光出版社，一九五八年。

三五五　呂叔湘：中國文法要略，民國三十一年上海商務本。又香港商務本，一九五七年。
三五六　林明波：「清代雅學考」，慶祝高郵高仲華先生六秩誕辰文集，民國四十七年，第六九一二一四頁。
三五七　周法高：中國古代語法，中央研究院歷史語言研究所專刊之三十九，一九五九年。
三五八　郭沫若：歷史人物，香港大千出版社，一九五二年。
三五九　陳槃：春秋大事表列國爵姓及存滅表譔異（增訂本），中央研究院歷史語言研究所專刊之五十二，民國五十八年。
三六〇　王師叔岷：史記斠證夏本紀第二，中央研究院歷史語言研究所集刊第三十八本，民國五十七年，第一九一一八〇頁。
三六一　又：史記斠證卷四十楚世家第十，同右，集刊第四十二本第一分，民國五十九年，第三五一八〇頁。
三六二　又：史記斠證卷八十四屈原賈生列傳第二十四，同右，集刊第四十六本第一分。民國六十三年，第三一一八六頁。
三六三　又：陶淵明詩箋證稿，台北藝文印書館，民國六十四年。
三六四　翁世華：「跋原本玉篇」，新加坡新社學報第五期，一九七三年第一一二五頁。
三六五　又：「郭璞『爾雅音義』名義釋疑」，大陸雜誌，第四十九卷第三期，民國六十三年，第四一—五〇頁。

三六六　又：「楚辭九歌的倒裝法」，台北中華文化復興運動推行委員會，中華文化復興月刊，第八卷第六期，民國六十四年，第四九—五五頁。

五、日人著作

三六七　鈴木虎雄譯：「離騷」，支那文學研究，一九〇七年。

三六八　淺見安正：楚辭師說，明治四十四年（一九一一）先哲遺著漢籍國字解全書第十七集。早稻田大學編印。

三六九　淺見安正譯：楚辭辨證，同右。

三七〇　日釋清潭萬仞譯：國譯楚辭十四卷。國譯漢文大成文學部第一卷。大正十一年（一九二二）初版。

三七一　兒島獻吉郎：楚辭考。昭和八年（一九三三）支那文學雜考本。隋樹森譯。民國二十五年商務國學小叢書本。

三七二　白川靜：「屈原の立場」，立命館文學，第一〇九、一一〇期。

三七三　齋藤護一：「淺見絅齋之楚辭觀」斯文第十七卷第十一期。

三七四　青木正兒：「楚辭九歌之舞曲的結構」，支那學第七卷第一期。紀庸譯，載於國文月刊第七十二期。胡浩川譯，載於青年界，第四卷第四期。

三七五 新美寬：「陸善經之事蹟」，支那學第九卷第一期。
三七六 林泰輔：龜甲獸骨文字，日本商周遺文會影印本。北京富晉書社翻印。
三七七 竹治貞夫編：楚辭索引，台北中華書局，民國六十一年。

六、西文著作

三七八 F. X. Biallas, "K'ü Yüan, His Life and Poems". Journal of the North China Branch of the Royal Asiatic Society, Vol. lix, 1928, pp. 231-53.
三七九 ————, "The Fisherman", ibid, 58, 1928, p.246.
三八〇 ————, "Küh Yüan's Fahrt in die Ferne". Asia Major, Vol. 7, 1931, pp. 179-241.
三八一 F. X. Biallas, "Die Letzten der Neun Lieder Küh Yüan". Monumenta Serica I, 1935,
三八二 E. Erkes, Das Zurückrufen der Seele des Sung Yü, Leipzig, 1914.
三八三 ————, "The Ta-Chao, Text, translation and notes", Asia Major, Hirth Anniversary Volume, 1923, pp. 67-86.
三八四 ————, "The Chao-yin-shi", Asia Major, Vol. 1, 1924, pp. 119-24.
三八五 ————, "The God of Death in Ancient China". T'oung Pao, Vol. xxxv,

1939, pp. 185-210.

三八六 ———, "Zu Chü Yüan's T'ien-Wen", Monumenta Serica, Vol. 6, 1941, pp. 273-339.

三八七 ———, "On the T'ien Wen 'Reconstruction'", with A. Fang, Monumenta Serica, Vol. 7, 1942, pp. 285-287.

三八八 H. A. Giles, "Pu Chü, Yü Fu and Shan Kuei", Gems of Chinese Literature, Kelly and Walsh, Shanghai, 1884.

三八九 David Hawkes, Ch'u Tz'u, the Songs of the South, (An Ancient Chinese Anthology). The University Press, Oxford, 1957.

三九〇 J. R. Hightower, "Chü Yüan Studies", The 25th Anniversary of Kyoto Imperial University Volume, part 11, 1954.

三九一 J. Legge, "The Li Sao Poem and its Author", Journal of the Royal Asiatic Society, Vol. xxvii, 1895, pp. 847-64.

三九二 Lim Boon-keng, The Li Sao, an Elegy on Encountering Sorrows, Commercial Press, Shanghai, 1935.

三九三 E. H. Parker, "The Sadness of Separation, or Li Sao". China Review,

Vol. vii, 1879, pp. 309-14.

三九四 R. Payne, "Nine hymns, Nine declarations, Li Sao". The White Pony, an Anthology of Chinese Poetry from the Earliest Time to the Present Day, pp. 81-109, Allen and Unwin, London, 1949.

三九五 Marquis d'Hervey de Saint-Denys, Le Li Sao Poeme du IIIe Siecle avant notre ere, Paris, 1870.

三九六 A. Waley, "Kuo Shang", A Hundred and Seventy Chinese Poems, Constable, London, 1918.

三九七 ———, "Ta Chao" (The Great Summons), More Translations from the Chinese, Allen and Unwin, London, 1919. Both these translations reappear in Chinese Poems, Allen and Unwin, London, 1946.

三九八 ———, The Nine Songs, A Study of Shamanism in Ancient China, Allen and Unwin, London, 1955.

三九九 H. Wilhelm, "Bemerkungen Zur T'ien-wen Frage", Monumenta Serica. Vol. 10, 1945, pp. 427-32.

四〇〇 Yang Hsien-yi and Gladys Yang, Li Sao and Other Poems of Chü Yüan, Foreign Languages Press, Peking, 1953.